¿PUEDES APROBAR ESTE TEST SEXUAL?

ANNE HOOPER

¿PUEDES APROBAR ESTE TEST SEXUAL?

ANNE HOOPER

DIANA
EDITORIAL DIANA
MÉXICO

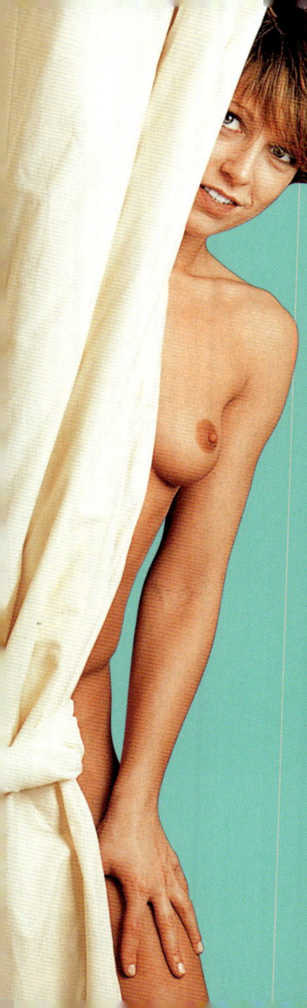

ES UN LIBRO DORLING KINDERSLEY
www.dk.com

DIANA

PRIMERA EDICIÓN, AGOSTO DE 2003

Diseño y edición por Cooling Brown

ISBN 968-13-3673-9

Impreso en Italia por Graphicom
Printed in Italy by Graphicom

Contenido

Introducción

Disfruto haciendo cuestionarios psicológicos porque son divertidos y es una manera sencilla de averiguar un poco más acerca de mí misma. ¿Y qué puede ser más interesante que saber cómo es una sexualmente?

Existen tantas facetas de la sexualidad en qué pensar. Por ejemplo, ¿crees que en lo sexual eres una persona sabia? ¿O eres el tipo de amante con empatía, que piensa siempre en la experiencia de su pareja y que al hacer el amor la actividad sea más plena para él o para ella? ¿Qué tal andas en tus técnicas sexuales? ¿Tienes confianza al encontrar un nuevo amante? ¿O eres de las personas que

comienzan lento, de las que se toman su tiempo para experimentar la confianza y acumular energía sexual?

Todos tenemos naturalezas sexuales muy diversas. Al establecer una relación sexual, parte del gusto es averiguar cuáles son los pensamientos y los deseos de tu pareja. Pero, también, es divertido averiguar más sobre uno mismo.

Este librito pretende, con un estilo ligero, ayudar a conocerte mejor. Una vez que hayas descubierto más acerca de tu personalidad sexual, te remitiré a algunos miniensayos apropiados de aspectos de conocimiento sexual que quizá desees explorar.

En el peor de los casos, encontrarás en este libro un regalo divertido para obsequiar a tu pareja. En el mejor de ellos, tal vez descubras los deseos sexuales más profundos que se incendian en tu interior de una manera volcánica que ha sido venerada a lo largo de los tiempos. Por favor, lee y disfruta.

Con mis mejores deseos,

ANNE HOOPER

parte uno
el tes

sexual

¿Tienes **confianza** al amar?

La confianza es una cualidad muy sexi, en particular cuando el flirteo y el buen humor forman parte del paquete. La confianza es la llave para la sensualidad, pues para sentirte bien en relación con el sexo es necesario que te sientas bien contigo mismo o contigo misma. La confianza también se contagia: si un miembro de la pareja la posee, puede transmitirla al otro. De manera que, ¿qué tan bien te sientes en relación con tu persona y de qué manera tu confianza personal afecta tu forma de hacer el amor?

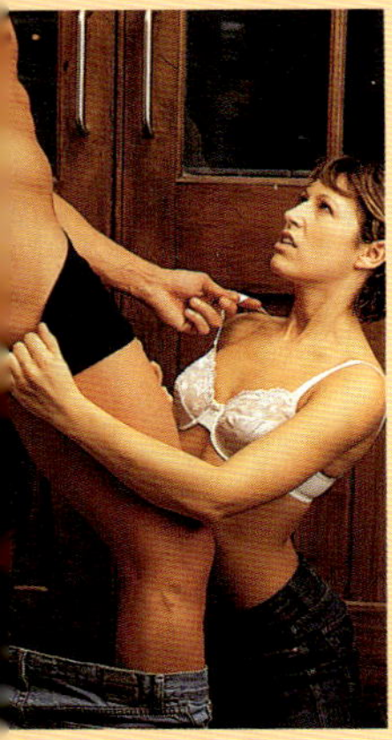

1 *Aún no te has acostado con tu* **nueva** *pareja, pero mueres de ganas por hacerlo. En tu* **siguiente cita***:*

a ¿Arrinconas a tu pareja y le dices que deseas tenerle en ese instante? ☐

b ¿Le dices a tu pareja que te gustaría llevar las cosas más lejos la próxima vez que estén juntos y a solas? ☐

c ¿Cuando las cosas se calientan esperas que él o ella tome la iniciativa? ☐

2 *Tu pareja intenta* **estimularte***, pero su técnica no te causa mucho* **placer***:*

a ¿Le susurras al oído explicándole lo que te gustaría que te hiciera? ☐

b ¿Guías las manos de tu amante con las tuyas hasta que tome el ritmo que deseas? ☐

c ¿Dejas que tu amante continúe con lo que hace y esperas que mejore? ☐

3 *Despiertas junto a tu pareja, quien* **duerme**, *sintiéndote muy* **caliente**:

a ¿Te sientas con suavidad encima de tu amante, besas su rostro, y le susurras que le deseas?

b ¿Abrazas a tu pareja y le acaricias de manera tentativa hasta que se excita?

c ¿Besas en la mejilla a tu amante y esperas, inquieto, hasta que despierta?

4 *Tu amante encuentra* **difícil** *llegar al* **orgasmo** *cuando tienen relaciones:*

a ¿Hablas con él o ella abiertamente y ensayan técnicas que les ayuden?

b ¿Pones mayor energía al hacer el amor y esperas que eso ayude?

c ¿Lo ignoras y esperas que las cosas mejoren?

5 *Al practicar el* **sexo oral** *con tu pareja:*

a ¿Te sientes en libertad de preguntar para obtener guía y retroalimentación? ☐

b ¿A veces te sale bien, pero en otras lo usas para llevar a tu pareja hasta el orgasmo? ☐

c ¿Por lo general intentas evitarlo a menos que tu pareja lo pida, pues no sientes confianza de saber qué es lo que le gusta? ☐

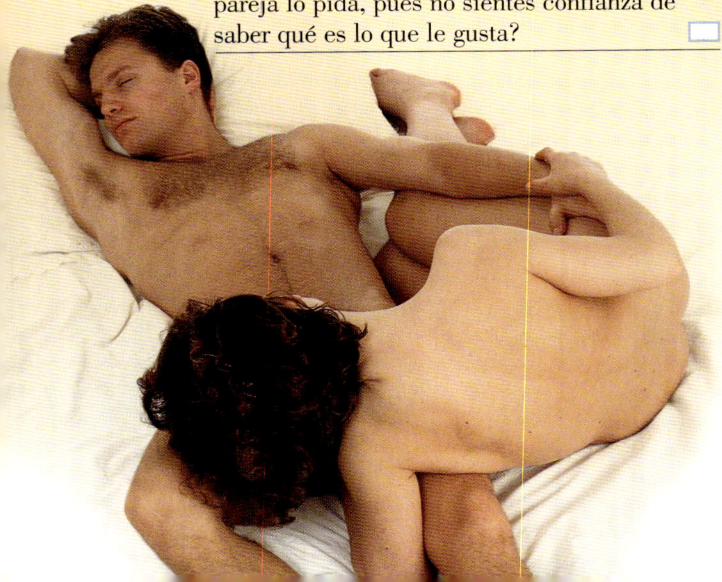

6 *Cuando se trata de dar el* **primer paso** *para llegar al sexo:*

a ¿Te sientes feliz tomando la iniciativa? ☐

b ¿A veces comienzas, pero prefieres que sea tu pareja la que tome la iniciativa? ☐

c ¿Dejas que sea tu pareja quien dé el primer paso? ☐

7 *Estás* **desnudo** *en la cama, junto a tu nueva pareja, y necesitas utilizar el baño, pero* **no encuentras** *tu bata:*

a ¿Sales de la cama seductoramente y caminas con sensualidad al atravesar el cuarto? ☐

b ¿Sales de la cama y caminas hacia la puerta tan rápidamente como te es posible? ☐

c ¿Te envuelves en la cobija y corres hasta la puerta? ☐

8 *Tu* **nueva pareja** *no desea tener sexo con tanta regularidad como tú y eso te* **preocupa***:*

a ¿Hablas con él o ella al respecto y le dices que esperas que todo esté bien?

b ¿Intentas que lo hagan con más frecuencia?

c ¿Te armas de paciencia y esperas?

9 *Estás teniendo relaciones y tu* **pareja** *desea parar antes de que logres tu* **orgasmo***:*

a ¿Le pides que te estimule manualmente hasta que puedas terminar?

b ¿Te masturbas?

c ¿Te detienes y, quizá, lo intentas de nuevo?

10 *Durante los* **preliminares***, por lo general comienzas:*

a ¿Besando y tocando con suavidad las áreas más sensibles y seductoras de tu pareja? ☐

b ¿Acariciando y apretando su área genital y sus pezones? ☐

c ¿Deslizando rítmicamente tu cuerpo contra el de tu pareja? ☐

¿Tienes **confianza** al amar?

Mayoría de A – confianza suprema

Tienes una magnífica imagen propia y te sientes feliz con tu aspecto y lo que sientes, lo cual te brinda la confianza necesaria para tomar la iniciativa en la cama. Sabes lo que quieres cuando se trata de sexo y no te da vergüenza conseguirlo. También confías en tu habilidad para satisfacer las necesidades sexuales de tu pareja. Tu falta de inhibición te hace un buen escucha: tu pareja puede hablar contigo sin vergüenza acerca de temas sexuales. Eres lo suficientemente directo o directa para referir temas delicados en la conversación y puedes hacerle preguntas sin reservas a tu pareja en cuanto a sus necesidades.

Respecto al sexo, es genial sentirse seguros por completo. De cualquier modo, recuerda que una pareja que sea más inhibida que tú sexualmente puede sentirse intimidada. Ten cuidado de no abrumar a tu pareja demasiado: comprende que existen situaciones que requieren que des un paso atrás y no uno adelante. Véase **Leer el lenguaje sexual del cuerpo** (p. 220).

Mayoría de B – suficiente confianza

Aunque tu confianza sexual es muy alta, podrías mejorar tu vida amorosa eliminando algunas defensas y tomando un poco más la iniciativa. Disfrutas del sexo y tienes mucha seguridad respecto a qué hace vibrar a tu pareja. Tomas la iniciativa cuando es necesario y en general lo haces de manera correcta. Sin embargo, en ocasiones sientes inseguridad acerca de cómo proceder pues no quieres hacer preguntas. Algunas veces también te es difícil hablar de tus propios deseos y expresar lo que sientes. Puede ser útil consultar **Leer el lenguaje sexual del cuerpo** (p. 220).

Mejorar tu conocimiento sexual personal también puede ayudarte a tomar la iniciativa, pues sentirás confianza de hacer los movimientos correctos. Conoce las zonas erógenas de tu pareja leyendo **El juego del mapa de pruebas** (p. 164).

Mayoría de C – un poco de inseguridad

Aunque seas feliz con tu vida sexual tal y como está, podría mejorar si trabajaras en algunos de tus problemas de inseguridad. Tal vez tengas un saludable deseo sexual, pero no te sientes muy feliz al pedir que éste sea satisfecho. No tengas miedo de tomar la iniciativa con tu pareja: a los hombres y mujeres les encanta que la gente se les aproxime. (¡Las mujeres que creen que a los hombres no les gusta que ellas hagan avances sexuales pueden estar interesadas en saber que lo cierto es lo contrario!)

Sugiero que intentes **El ejercicio de los pasos** (p. 228), el cual te permitirá superar por etapas algunas actividades difíciles y te ayudará a sentir mayor confianza al pedir lo que deseas. También pueden interesarte algunos consejos de las **Técnicas para besar** (p. 174). Besar quizá sea la actividad sexual menos atemorizadora y, de hacerlo bien, todo es posible. Conozco a una mujer que llega al clímax con sólo los besos.

¿Logras **intimidad** al amar?

La intimidad sexual es un sentimiento maravilloso... pero puede desaparecer con un solo comentario irreflexivo o una sola muestra de impaciencia. Si ofreces poco cariño o calor, tu relación sexual perderá su ingrediente más significativo y es poco probable que alcance su potencial pleno. Así que, ¿qué tan bueno o buena eres para eliminar barreras y establecer una intimidad sexual?

1 *Antes de que tú y tu pareja tengan relaciones, ¿**acarician** sus cuerpos?*

a Siempre: es un preámbulo importante para el sexo.

b A veces, cuando dan ganas.

c Lo necesario para calentar las cosas antes del coito.

2 *Consideras que el sexo **oral** es:*

a Una parte importante y regular de tu forma de hacer el amor.

b Una parte ocasional de tu vida sexual.

c Algo que raramente te permites.

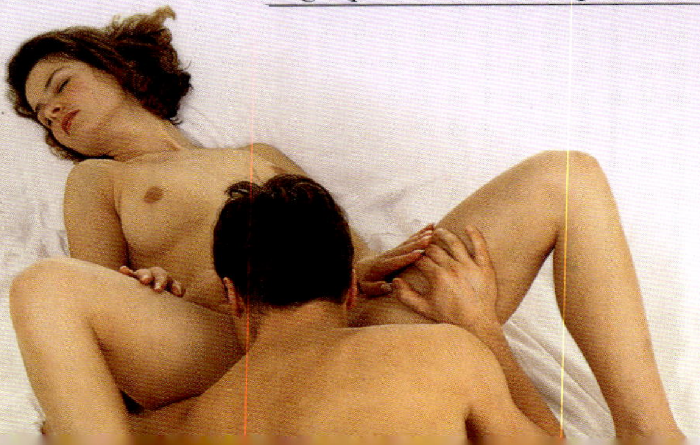

3 *Después de* **hacer el amor***:*

a ¿Abrazas a tu pareja toda la noche?

b ¿Disfrutas de un beso y algunos abrazos, y te preparas para dormir en tu lado de la cama?

c ¿Te das la vuelta y te duermes?

4 **Quieres** *probar una* **nueva** *posición sexual:*

a ¿Se la sugieres con entusiasmo a tu pareja la siguiente vez que se encuentran?

b ¿Esperas a que estén en la cama y sugieres que la intenten?

c ¿Intentas con tu pareja las maniobras necesarias para lograrla al momento del coito?

5 *Llegas a casa cuando tu pareja disfruta de un* **baño de burbujas***:*

a ¿Te desnudas y saltas a la tina?

b ¿Le preguntas si quiere que le talles la espalda?

c ¿Te quejas porque usó toda el agua caliente?

6 *Tu pareja te hace una* **pregunta** *acerca de tu* **historial** *sexual:*

- **a** ¿Sueltas toda la sopa con felicidad? ☐
- **b** ¿Le ofreces algunas pistas seductoras? ☐
- **c** ¿Sientes paranoia y te rehúsas a dar una respuesta directa? ☐

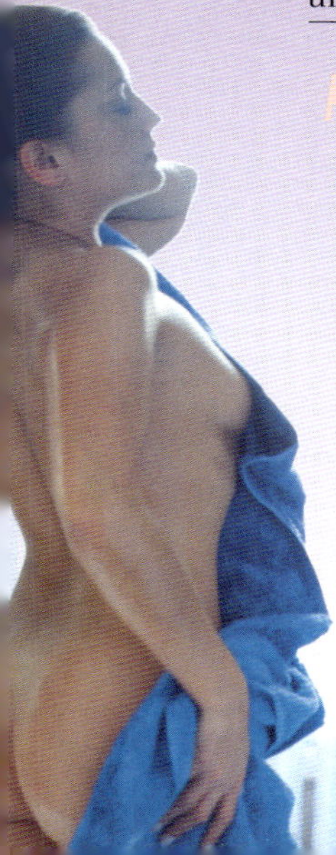

7 *Sales de la* **regadera** *y, cuando vas a tomar una* **toalla**, *tu pareja entra al baño:*

- **a** ¿La acercas hacia ti y le pides que te seque? ☐
- **b** ¿Te secas y hablan mientras utiliza el baño? ☐
- **c** ¿Le pides privacidad y cierras la puerta con llave cuando sale? ☐

8 *Tu* **idea** *de una noche hogareña ideal con tu* **pareja** *consiste en:*

a ¿Ver un video sexi en la cama y hacer el amor durante los puntos álgidos?

b ¿Abrazarse en el sillón y luego hacer el amor en el piso de la sala?

c ¿Disfrutar de una cerveza, ver televisión, echarse un "rapidito", y dormir enseguida?

9 Crees que te puedas **enamorar** de tu nueva pareja:

a ¿Se lo dices en la siguiente cita? ☐

b ¿Esperas hasta que tu pareja te diga que te ama y se lo dices también? ☐

c ¿No sientes la necesidad de decirlo, pues debe ser capaz de darse cuenta? ☐

10 Cuando tú y tu pareja **salen juntos**:

a ¿Te gusta tomar su mano, darle abrazos y besos sin importar con quien se encuentren? ☐

b ¿Le tomas la mano ocasionalmente, pero nunca frente a personas conocidas? ☐

c ¿Haces esto sólo en la casa? ☐

¿Eres una persona **íntima?**

Mayoría de A – lo más posible

Estás en paz con tu persona, lo cual te permite acercarte en verdad a tu pareja. Tienes la disposición de arriesgar tus sentimientos para reafirmar la relación sensual. Valoras la intimidad y mantienes la apertura y la aceptación, tanto en lo físico como en lo espiritual. Ten cuidado, pues al mostrarte tanto te arriesgas a que te lastimen. ¿Estás seguro de que tu pareja sea lo suficientemente digna de confianza como para merecer el invaluable regalo emocional que le otorgas?

Ya tienes habilidad en el arte de la intimidad, pero podría interesarte expandir tu repertorio sexual. Revisa **Posiciones sexuales divertidas** (p. 148), **Masaje genital** (p. 182) y **Sexo oral** (p. 197).

Mayoría de B – cerca pero lejano

Aunque mantienes la apertura en muchos aspectos, te gustaría aumentar la intimidad con tu pareja pero te falta confianza para llevar las cosas más lejos. A menudo esperas a que tu pareja ofrezca un gesto de cercanía antes de abrirte, esto puede ser un mecanismo de defensa causado por tu miedo al rechazo. Valdría la pena que considerases el principio de "dar para recibir": si ofreces calor e intimidad, será más posible que los recibas pues, en general, así es como responden los demás. Si necesitas ayuda para lograr una mayor intimidad con tu amante, tal vez encuentres que las secciones **Sexo oral** (p. 197) y **Técnicas de masaje** (p. 176) sean lo que necesitas. O bien, si crees que ya conoces todas estas maniobras, revisa **Masaje**

genital (p. 182). La intimidad sexual también pasa por la manera en que se relajan juntos. **El ejercicio del historial sexual** (p. 224) les ayudará a ti y a tu pareja a deshinibirse y encontrar qué es lo que los hace vibrar sexualmente.

Mayoría de C – podrías acercarte más

Tal vez creas que la intimidad sexual no es importante, pero tal vez eso se debe a que, hasta ahora, has experimentado muy poca. En general, la gente que aún tiene que descubrir el relajamiento con su amante (y la verdadera confianza: ingrediente vital de la intimidad) se siente temerosa. Quizá en algún momento de tu vida aprendiste a temer y desconfiar del sexo opuesto. A veces este miedo se manifiesta por medio de un comportamiento sexual exagerado.

Ganarías mucho si estás más comodo con los aspectos más íntimos del acto sexual. Un importante ejercicio es el **Examen sexológico** (p. 222), en el cual observas èl cuerpo de tu pareja en detalle microscópico, te acercas a áreas que puedes considerar sucias o repelentes, y dices lo que sientes. Ambos pueden sentir que asumen un riesgo con este ejercicio y está bien que así sea. Arriesgarse nos evita morir de aburrimiento y, lo que es mejor aún, nos invita a sentir que nos estimulamos mutuamente.

¿Amas con **erotismo?**

Ser eróticos no necesariamente consiste en siempre ser espontáneos o estar listos para sexo instantáneo. El erotismo puede ser algo premeditado pues éste vive tanto en la mente como en el cuerpo y a menudo lo impulsa el poder de lo sugerente. Hay erotismo en los juegos, pero también lo hay en esa mirada que conecta de un lado a otro de un cuarto atestado de personas. Pero el erotismo consiste sobre todo en excitar la mente de tu amante tanto que su cuerpo pierda control. Incluso consiste en retrasar la satisfacción sexual. Es todo un arte.

1 *Saliste a* **cenar** *con tu pareja y de repente sientes la inquietud del* **deseo***:*

a ¿Acaricias el muslo de tu amante y le dices que no puedes esperar a llevarle a casa? ☐

b ¿Tomas las manos de tu amante mientras observas sus ojos fijamente? ☐

c ¿Llevas el tenedor, repleto de comida, a tu boca y piensas en lo que le harás... después? ☐

2 *Tu pareja ha estado* **fuera** *por unos días pero hoy en la* **noche** *llegará a tu casa:*

a ¿Abres la puerta con tu ropa interior más sexi puesta? ☐

b ¿Planeas arrojarla en la cama a la primera oportunidad? ☐

c ¿Dejas la puerta entreabierta y te acomodas de manera seductora en la cama? ☐

3 **Paseas** *por el bosque y te sorprende un estado de ánimo* **lujurioso**:

a ¿Seduces a tu pareja hasta llevarle a un mullido espacio con pasto y te pones sensual, aunque sabes que existe el riesgo de que los vean? ☐

b ¿Te excitas y emocionas pero te detienes antes de dar una exhibición sexual? ☐

c ¿Sugieres ir a casa para tener intimidad? ☐

4 *Tu pareja está en un* **viaje** *de negocios y te llama a la mitad de la noche desde un cuarto de* **hotel**:

a ¿Le preguntas si quiere escuchar una historia erótica y se la cuentas? ☐

b ¿Susurras sensualmente al teléfono, describiendo lo que traes puesto y lo que harías si él o ella estuviera ahí? ☐

c ¿Susurras al teléfono que estás haciendo el amor contigo mismo o contigo misma? ☐

5 *Aunque tu pareja ha querido probar alguna clase de actividad sexual* **múltiple**, *ninguno de los dos ha tenido el* **valor** *de llevarla a cabo, aunque la idea te excita. Así que:*

a ¿Exploran un *chat* de Internet diseñado para el sexo y ves qué comentarios provocas al montar una exhibición de sexo virtual? ☐

b ¿Inventas un escenario sexual en el cual te hacen (o haces) algo arrebatador frente a un grupo de extraños? ☐

c ¿Inviertes en espejos de cuerpo entero para colocar en el dormitorio? ☐

6 *Tú y tu pareja se* **encuentran** *en la* **cama** *y quieres tener relaciones:*

a ¿Le dices a tu pareja lo que querrías hacerle y lo haces? ☐

b ¿Acaricias su cuerpo suave y lentamente, cubriéndolo con besos húmedos y suspiros? ☐

c ¿Te vas directamente a los genitales? ☐

7 *Tu pareja* **te da** *una rosa* **roja** *como regalo de San Valentín:*

a ¿Esa noche acaricias el cuerpo de tu pareja con la rosa, aunque las espinas puedan ser peligrosas? ☐

b ¿Colocas los pétalos en la cama y comienzas a quitarte la ropa de manera seductora? ☐

c ¿Le ofreces un beso de agradecimiento y colocas la flor en agua? ☐

8 *Tú y tu pareja desean sobremanera tener relaciones, pero se encuentran en una* **cena** *en* **casa** *de amigos:*

a ¿Le haces una señal para verse en el baño, luego besas su cuello y oídos, le susurras lo mucho que le deseas, y le envías de regreso a la mesa en un estado de gran excitación? ☐

b ¿Le pides que te vea en el baño para aventarse un "rapidito"? ☐

c ¿Te quedas en tu silla y saltas sobre tu pareja al llegar a casa? ☐

9 *Después de una* **romántica** *cena à deux, tu pareja te ofrece un* **delicioso** *helado como postre:*

a ¿Embarras un poco sobre su estómago y lo lames lentamente? ☐

b ¿Alimentas a tu pareja en la boca? ☐

c ¿Tomas dos cucharas y lo comen juntos? ☐

10 *Tú y tu pareja se encuentran en casa viendo una película* **candente** *y tú te estás* **excitando** *mucho:*

a ¿Entran en acción sobre el sofá mientras que la película sigue de fondo, hasta que se olvidan del argumento? ☐

b ¿Detienes la película y llevas a tu pareja al dormitorio? ☐

c ¿Sólo al final de la película entras en acción? ☐

¿Qué tan **erótico** eres?

Mayoría de A – sutil pero pasional

Posees una interesante combinación de sutileza y pasión. Sabes que detenerte puede provocar un deseo erótico mayor que saltar de inmediato, sin embargo no dudas en expresar la calidez de tus sentimientos. Eres una persona sensual que prefiere pasar horas de buen sexo, pero entiendes que todo acto sexual necesita un buen comienzo en el que se le dé tiempo a tu pareja para excitarse. Consideras que no toda la gente siente exactamente lo mismo que tú, lo que significa que tienes potencial para ser en verdad un(a) amante genial.

Aunque no necesitas consejo respecto a prácticas eróticas, puede interesarte realizar algunos juegos de esta naturaleza. Es posible que los juegos parezcan premeditados, pero esta experiencia no tiene que ser artificial. Las emociones que implicamos en los juegos es lo que cuenta. Revisa **El gran garrote** (p. 140), **El juego de la esclava mala** (p. 138) y **Ritos de iniciación sexual** (p. 137).

Mayoría de B – incitante y pasional

Tienes un fuerte impulso pasional, con una mentalidad inventiva ¡y mucho apetito por el helado y los pétalos de rosa! Para ti funciona bien una aproximación directa y no temes explorar cosas nuevas. Pero no quieres arriesgarte a salir en público de ningún modo... el sexo para ti es una actividad privada. Sin embargo, no tienes aversión por un "rapidito" cuando hay riesgo de que alguien interrumpa, ¡siempre y cuando la puerta esté bajo llave! No temes expresar tu amor en público, aunque defines qué tan lejos permites esto. En general estás abierta(o) a sugerencias, sobre todo si vienen de alguien a quien consideras una persona maravillosa.

No desearás ir tan lejos como para amarrar a tu pareja o dejar que ésta te amarre (*bondage*), o hacer cosas que provoquen dolor. Tal vez te divierta una **Sesión fotográfica sensual** (p. 156), siempre que las fotos no sean vistas por nadie más que tú y tu amante, o quizá escribir **Notas de amor sensuales** (p. 154) sea lo necesario para darle unas cuantas ideas a tu pareja. Revisa **El poder de la ducha** (p. 159).

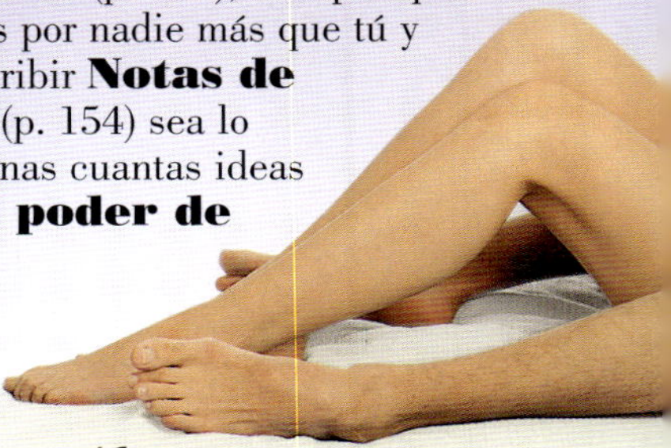

Mayoría de C – tibia espontaneidad

Estás lleno(a) de buenas ideas y entusiasmo, y no hay nada como el entusiasmo para ser excitante. Te inquieta explorar nuevos caminos sexuales y te gusta efectuar cambios reales para agregar ese toque extra a tu comportamiento en la cama. Eres *voyeur* y exhibicionista por naturaleza, pero tienes cuidado de no exponerte más que ante los ojos de tu pareja.

Aumentar el erotismo incrementaría tu goce de la natural y espontánea sexualidad que ya disfrutas. Otórgate un festín con **Banquete sexual** (p. 150) y revisa **Caprichos de cumpleaños** (p. 144), capítulos en que sugiero que hagas algo original que te haga salir de tu personalidad cotidiana (como vestirte con ropas del sexo opuesto y acudir a una cita pública). Tal vez experimentes algo diferente y excitante. ¡Atrévete!

¿Amas con **capacidad técnica?**

Mucha gente cree que el buen sexo simplemente se da, que de manera intuitiva sabemos qué es lo que hay que hacer. No obstante, esto es falso. Resulta grandioso cuando puedes medir de modo instintivo lo que hace feliz a tu pareja, pero esto ocurre pocas veces y ciertamente no es la norma. Todos necesitamos aprender técnicas básicas para hacer el amor en algún momento de nuestras vidas y, de manera ideal, lo haremos con una pareja a quien amamos. Así que, ¿cuáles son tus capacidades técnicas como amante?

1 *Cuando se trata del sexo* **oral***:*

a ¿Haces que tu pareja llegue al orgasmo o casi con movimientos deliberados de tu boca? ☐

b ¿Lo consideras parte de la relación, pero no garantizas que funcione? ☐

c ¿Lo permites alguna vez, pero nunca durante mucho tiempo? ☐

2 *Tu nueva pareja siente* **inhibición** *pero quiere* **acercarse***:*

a ¿Aceptas que pasen algunas semanas antes de que acepte ir a la cama y más bien te concentras en un cortejo pausado? ☐

b ¿Compras un par de libros acerca de sexualidad y los dejas por ahí con la esperanza que él o ella los vea, los lea, y se sienta más confortable con el tema? ☐

c ¿Te lo (la) llevas a la cama pronto con el pretexto de que es mejor hacerlo definitivamente? ☐

3 *Estás a punto de llegar al* **orgasmo** *pero tu pareja aún está muy lejos de su propio clímax y quieres* **retrasar** *las cosas para que lleguen juntos:*

a ¿Disminuyes el ritmo y te concentras un poco antes de sentirte con la suficiente seguridad para continuar? ☐

b ¿Intentas hacer más pausado tu ritmo, pero esto puede no funcionar? ☐

c ¿Te rindes, porque crees que de ser necesario puedes estimular manualmente a tu pareja? ☐

4 *Tu amante está a punto de tener un* **orgasmo** *mientras tienen relaciones y quieres que sea* **maravilloso***:*

a ¿Sigues con lo que haces, pues es obvio que funciona?

b ¿Utilizas tu cuerpo para darle la mayor intensidad y fricción que puedas, mientras le susurras sensualmente al oído?

c ¿Te dejas llegar al punto del orgasmo para que puedan disfrutar juntos del clímax?

5 *Al disfrutar de los* **preliminares**:

a ¿Enloqueces a tu pareja besando y tocando los lugares correctos para él o para ella? ☐

b ¿Besas y tocas a tu pareja y le escuchas esperando sus respuestas? ☐

c ¿Te concentras en las áreas genitales y los pezones, que tienen que ser sensibles? ☐

6 *Estás probando una nueva* **posición** *sexual, pero tu pareja la encuentra un poco* **incómoda**:

a ¿Guías con gentileza su cuerpo y alteras tu propia posición hasta que se sienta a gusto? ☐

b ¿Le preguntas qué puedes hacer para que sea más confortable? ☐

c ¿Te rindes, pues la posición no es para ustedes? ☐

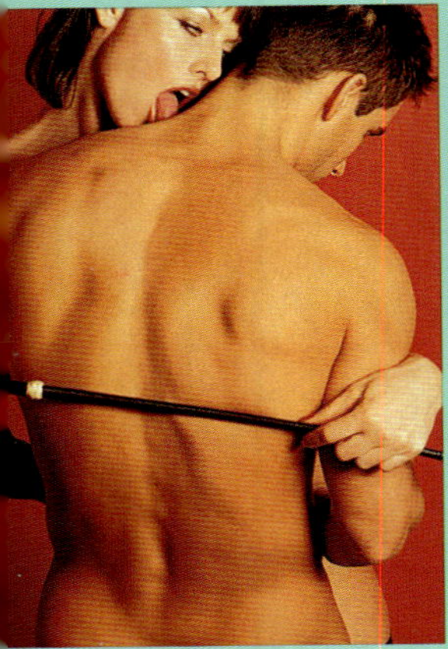

7 Tu **pareja** *adora una* **actividad** *sexual que a ti te desagrada:*

a ¿Distraes a tu pareja con una actividad sexual alternativa tan maravillosa que le hace olvidar su petición original? ☐

b ¿Realizas la actividad de mala gana, apretando los dientes mientras procedes a ello? ☐

c ¿Te rehúsas terminantemente, sin negociar? ☐

8 *Para tu pareja es* **difícil** *alcanzar el* **orgasmo***:*

a ¿Le preguntas qué puedes hacer para facilitar el clímax y te diviertes experimentando? ☐

b ¿Aumentas la velocidad y la cantidad de estimulación que le das aun cuando no le estés brindando lo suficiente? ☐

c ¿No te preocupa, pues consideras que el tiempo mejorará las cosas? ☐

¿amas con capacidad técnica?

9 *¿Cómo te* **describiría** *tu pareja en la* **cama***?:*

a ¿Como fantástico; el/la mejor amante? ☐

b ¿Muy bueno o buena? ☐

c ¿Tendrías que preguntarle? ☐

10 *En cuanto al tema del* **punto G** *o la glándula de la* **próstata***:*

a ¿Sabes exactamente dónde está y cómo utilizarla para enloquecer a tu pareja? ☐

b ¿Sabes cuál es su localización, o sólo lo intuyes? ☐

c ¿Planeas investigar al respecto, pero en realidad no te interesa? ☐

¿Cómo están tus **habilidades técnicas?**

Mayoría de A – maestro

Tus habilidades técnicas en la cama son asombrosas. Tienes sensibilidad, conocimiento, práctica y no temes a las ideas nuevas. No te importa tomar el tiempo necesario para encontrar qué funciona y qué no para tu pareja. Tienes la confianza y el relajamiento suficientes para abordar las dificultades sexuales. Tal vez seas una pareja ideal.

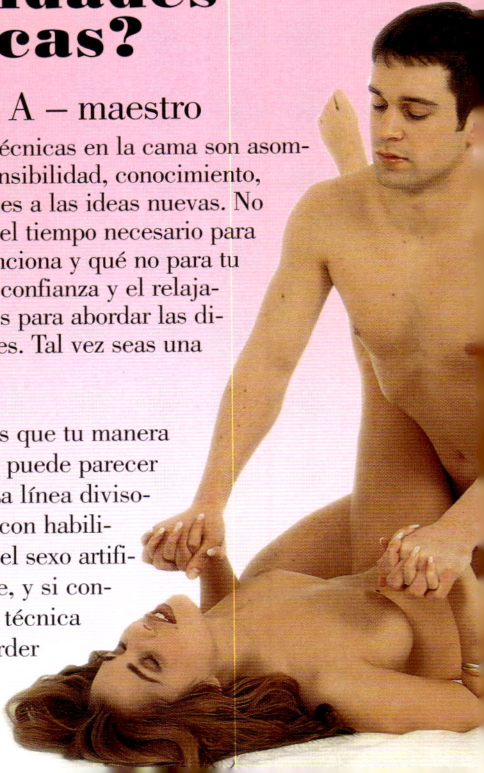

Mi advertencia es que tu manera de hacer el amor puede parecer muy ensayada. La línea divisoria entre el sexo con habilidades técnicas y el sexo artificial es muy tenue, y si confías mucho en la técnica te arriesgas a perder espontaneidad. Aunque no lo creas, ¡el amante perfecto es el que a veces se equivoca! Tal vez disfrutes aprendiendo del antiguo **Sexo tántrico** (p. 208).

Mayoría de B – bien calificado

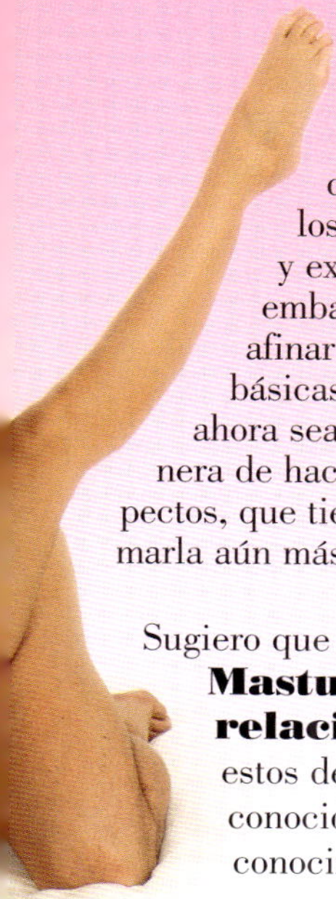

Siempre aprendes y mantienes una mente abierta en cuanto a conocer nuevas habilidades. La gente que deja por ahí libros de sexualidad a menudo es la que más desea leerlos. Eso no es malo; los libros sexuales despiertan la curiosidad y excitan, pero también informan. Sin embargo, te falta confianza. Quizá necesites afinar algunas de tus habilidades amatorias básicas, no porque lo que hayas hecho hasta ahora sea deficiente, no; más bien porque tu manera de hacer el amor es tan correcta en muchos aspectos, que tienes muchas posibilidades de transformarla aún más.

Sugiero que revises **Sexo oral** (p. 197) y **Masturbación durante las relaciones** (p. 204). Quizá ya conozcas estos detalles, pero en ocasiones repasar lo conocido nos ayuda a reafirmar nuestro conocimiento y sentirnos con mayor confianza.

Mayoría de C – en aprendizaje

Posees una cautivadora mezcla de simpatía, optimismo y entusiasmo. Tienes los instintos adecuados, aunque a veces tus técnicas para hacer el amor no estén a la altura. Quizá esto se debe a pereza o ansiedad al aprender nuevas habilidades. Si alguna actividad sexual se siente amenazadora, a menudo evitamos intentarla de una manera misteriosa. Pero ten confianza: los amantes que son buenos cometen errores y disfrutan aprendiendo de ellos.

Tiendes a rendirte con facilidad cuando las cosas no salen bien. Al enfrentarte a algo que no te gusta, mantienes tu posición con tanta dureza que no queda espacio para la negociación. Esto es una lástima pues significa que te pierdes cosas. Si pudieras relajar algunas de tus ideas acerca del sexo y experimentaras de manera tentativa, aunque fuera sólo una vez, podrías descubrir experiencias nuevas grandiosas.

Creo que te beneficiarías con el **Examen sexológico** (p. 222), en particular si existen aspectos del cuerpo de tu pareja que te hacen sentir cierto pudor. **El juego del mapa de pruebas** (p. 164) te ayudará a descubrir tanto las partes del cuerpo de tu amante que responden, como las que no, al tacto. Para un deleite especial, revisa **Masaje jabonoso** (p. 189). Y, sobre todo, diviértete jugando.

¿Eres un **amante experimentado?**

Comprender la respuesta sexual es vital; es necesario comprender cómo funciona el cuerpo para ayudarlo a trabajar mejor. Llegar a términos con la biología sexual tampoco hace daño. Sin embargo, hacer el amor no es algo biológico. Si utilizas el conocimiento sexual práctico para satisfacer a tu amante quizá disfrutes de una noche pasional en la cama. Así que, ¿se puede decir que amas de manera experimentada?

1 *Sabes que a la mayoría de los hombres les es más* **fácil** *y* **rápido** *alcanzar el orgasmo que a las mujeres, con las debidas excepciones. Por tanto:*

a ¿Tienes un vibrador junto a la cama en caso de que ella necesite ayuda para alcanzarte? ☐

b ¿Pasas más tiempo en preliminares centrados en ella y no tanto en él? ☐

c ¿Esperas que hable contigo acerca de sus necesidades especiales pues no es posible que el hombre lo sepa todo? ☐

2 **Consideras** *la posibilidad de tener una pareja nueva, pero te* **preocupa** *una posible infección por VIH:*

a ¿Crees que lo más seguro es utilizar condones y evitar una plática al respecto? ☐

b ¿Te has hecho una prueba de VIH y le pides a tu nueva pareja que haga lo mismo? ☐

c ¿Crees que las probabilidades de infección son tan bajas que quizá valga la pena arriesgarse? ☐

3 *Tu pareja* **contrajo** *una enfermedad de transmisión sexual (ETS):*

a ¿Consideras que esto puede ser consecuencia de una relación anterior? ☐

b ¿Analizas tu propia higiene personal? ☐

c ¿Consideras que tu pareja te ha engañado? ☐

4 *Si el grado de* **excitación** *de tu pareja disminuye durante los preliminares:*

a ¿Intentas mantener la misma técnica, pero con más enjundia, esperando que las cosas mejoren? ☐

b ¿Tienes una gran cantidad de técnicas en la manga para hacer que el juego continúe? ☐

c ¿Asumes que no hay remedio y te rindes? ☐

5 *Los* **hombres** *tardan más tiempo en excitarse* **de nuevo** *después del orgasmo:*

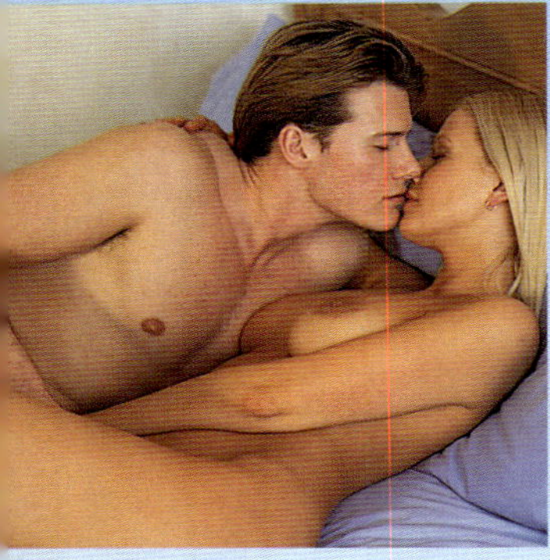

a ¿Las mujeres deberían apresurarse haciendo esto por ellas mismas? ☐

b ¿Retrasas la excitación del hombre y te concentras sólo en ella al principio? ☐

c ¿Dejas que el hombre alcance su clímax porque ha de ser capaz de conseguir otra erección ya que es tan rápido? ☐

6 *Te es* **difícil** *alcanzar el* **orgasmo** *al tener relaciones sexuales:*

a ¿Pruebas una nueva posición diseñada para incrementar la sensación? ☐

b ¿Disfrutas mucho tiempo de los preliminares? ☐

c ¿Aumentas la estimulación oral y manual, pues a tu pareja le hace falta más estimulación local? ☐

7 *Respecto a las zonas* **erógenas** *de tu amante:*

a ¿Sabes que los genitales y los pezones son áreas clave? ☐

b ¿Conoces qué áreas son sensacionales para él o para ella en específico? ☐

c ¿Te has preocupado por no saber dónde están las zonas erógenas? ☐

8 *Si tú o tu pareja han* **padecido** *una situación de* **impotencia***:*

a ¿Lo dejas pasar, pues es algo que sucede a cualquiera en algún momento de su vida? ☐

b ¿Culpas algunas circunstancias o incluso a alguna pareja? ☐

c ¿Te preocupas porque sus capacidades sexuales menguan debido a la edad o la enfermedad? ☐

9 *Sabiendo que el* **clítoris** *es clave en la sensación sexual femenina, lo* **estimularías***:*

a ¿Frotándolo en su parte más elevada?

b ¿Frotándolo a un lado o el otro?

c ¿Frotándolo en círculos?

10 *Para* **retrasar** *el* **orgasmo** *de tu hombre:*

a ¿Reducirías el ritmo si fuera necesario?

b ¿Usarías la "técnica del apretón" en su pene?

c ¿Experimentarías un producto anestésico?

¿Cuánta **experiencia** tienes?

Mayoría de A – algunas dudas

Deseas saber más de la sexualidad y el cuerpo humanos y ya utilizas parte de tu sentido común para encontrar soluciones bien intencionadas. Tienes una actitud relajada ante las ocasionales dificultades sexuales, de manera que si las cosas no funcionan bien por completo no eres del tipo de persona que entra en pánico. Tienes la mente abierta y con la suficiente flexibilidad para aplicar tu conocimiento de la manera que te parece mejor.

Pero tu información no es del todo correcta. Sabes que el clítoris es el punto clave de la mujer, pero quizá aún no hayas descubierto que (en general) la mejor manera de estimularlo es desde sus costados. Comprendes la necesidad de evitar el orgasmo cuando el hombre sufre de eyaculación prematura, pero quizá no sepas cuál es el mejor modo de lograrlo. Revisa **Estimulación del clítoris** (p. 190), **Conocimiento de los condones** (p. 172) y **Retrasando el orgasmo masculino** (p. 206) y practica los conocimientos adquiridos, de manera que reafirmes tu voluntad y deseo con información real, probada y certera.

Mayoría de B – la fuente del conocimiento

Conoces los hechos de la sexualidad y los utilizas de modo inteligente. No hay mucho que desconozcas acerca del cuerpo humano y los hombres o mujeres de tu vida tienen mucho que agradecer. Sabes que la mejor manera de retardar el orgasmo masculino sin sacrificar la sensación es apretando el pene.

Sabes que el pene necesita un trato mucho más rudo del que mucha gente cree. También sabes que las enfermedades de transmisión sexual (ETS) son fáciles de contraer y que en lugar de que tu pareja te haya contagiado es posible que seas tú el responsable del contagio. Tienes la madurez suficiente para comprender que el sexo más lento es clave para tener más satisfacción, al menos respecto a muchas mujeres. Tal vez aprenderías aún más revisando **Sexo más seguro** (p. 170), **Soluciones para la impotencia** (p. 216) y **Píldoras para el sexo** (p. 218). Mantén bien actualizados los conocimientos que posees.

Mayoría de C – días de estudio

Estás al inicio de tu comprensión acerca de cómo funciona el sexo. Te preocupas, pues crees que deberías saber más respecto a técnicas y salud sexuales y en este momento algunas situaciones pueden provocarte incertidumbre. Todos queremos ser mejores amantes, y saber acerca del sexo aumenta también nuestra confianza. Las buenas noticias son que asistir a la escuela del sexo es divertido.

Los miembros de una pareja a quienes ofrecí terapia pretendían que eran estudiantes de nuevo y se sentaban a estudiar por las tardes. Te alegrará saber que sus actividades no eran del todo serias. Probaban entre sí sus conocimientos sexuales generales y se quitaban puntos al obtener respuestas incorrectas. El perdedor tenía que pagar una multa sexual que el ganador escogía. ¡El único problema era que existía una ventaja intrínseca al contestar mal las respuestas! Prueba tu propio conocimiento con **¿Sabías que...?** (p. 169).

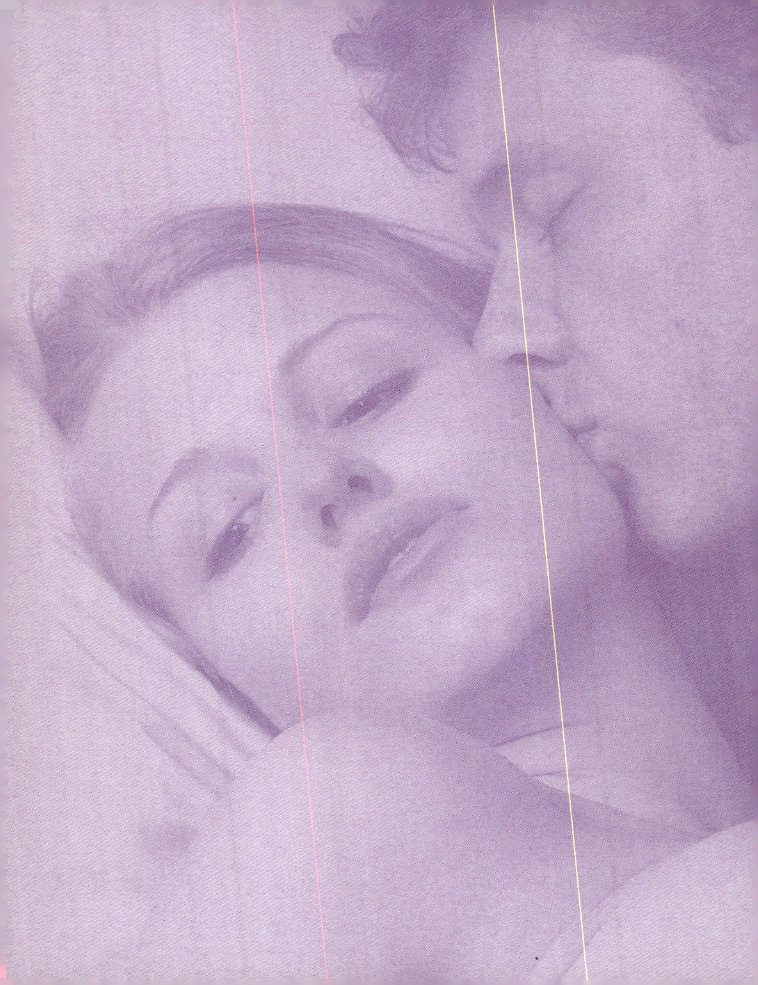

¿Piensas en tu **pareja** al amar?

A un amante egoísta le importa un comino el bienestar de su amante. En cambio, un amante que piensa en su pareja comprende rápido los deseos de la persona con la que se encuentra y lo demuestra actuando en congruencia. Si nunca le dices "te amo" o nunca haces algo para mostrar afecto, ¿cómo sabrá que te importa? Así que, ¿qué tanto crees que piensas en tu pareja al amar?

1 *Últimamente tu pareja ha estado un poco* **reservada***:*

a ¿Cedes tiempo para escucharle y animarle a decir lo que piensa? ☐

b ¿Entre llamadas telefónicas le preguntas qué es lo que le sucede? ☐

c ¿Le dices que no exagere, que hay gente en peores situaciones? ☐

2 *Tu pareja ha aumentado de* **peso** *y está susceptible respecto a su apariencia:*

a ¿Cubres su cuerpo con besos para mostrarle que a ti te parece hermoso o hermosa? ☐

b ¿Le dices que te parece atractivo o atractiva? ☐

c ¿Te parece más difícil sentirte sensual? ☐

3 *Tu pareja quiere tener relaciones pero últimamente le ha sido* **difícil excitarse***:*

a ¿Planeas una velada relajada en casa, en la cual le ofreces un masaje sensual sin necesidad de que después realicen actividades sexuales? ☐

b ¿Estimulas sus pezones y área genital para ver si logras que se excite? ☐

c ¿Te molestas si él o ella ya no te encuentra atractivo(a)? ☐

4 *Tu pareja se* **ausentará** *durante varios días y ésta es su última* **noche** *juntos:*

a ¿Planeas una velada romántica en casa, seguida por una noche de pasión? ☐

b ¿Salen a brindar y luego regresan a casa para estar juntos en la cama? ☐

c ¿Sales por tu cuenta pero intentas no llegar tarde a casa para decirle a tu pareja que vas a extrañarle? ☐

5 *Tu pareja se pone* **ropa interior** *nueva "erótica", pero tú piensas que se ve* **terrible***:*

a ¿Le dices que se ve deslumbrante y desgarras su ropa interior en un ataque de lujuria? ☐

b ¿Le dices que no la necesita para verse genial? ☐

c ¿Te ríes y le preguntas si aún tiene el recibo? ☐

6 *A tu pareja el sexo le ha resultado* **doloroso** *en los últimos tiempos:*

a ¿Le acompañas al doctor y enfrentan juntos el problema? ☐

b ¿Le sugieres que vaya al médico para averiguar qué es lo que sucede? ☐

c ¿Esperas que el problema desaparezca? ☐

7 *No* **disfrutas** *la posición sexual* **favorita** *de tu pareja:*

a ¿Le complaces a menudo? ☐

b ¿Lo haces en ocasiones? ☐

c ¿Intentas evitarla? ☐

8 *Adoras tener relaciones sexuales con la* **luz** *encendida, pero tu pareja no:*

a ¿Recurres a velas románticas colocadas con discreción alrededor de la cama? ☐

b ¿Prendes ocasionalmente sólo una lámpara? ☐

c ¿Te resignas al sexo en la oscuridad? ☐

9 *Tu pareja quiere* **detenerse** *justo cuando te acercas al* **clímax***:*

a ¿Te detienes y le preguntas qué anda mal? ☐

b ¿Continúas pero le preguntas qué anda mal en cuanto tienes tu orgasmo? ☐

c ¿Te enojas y dices palabras agrias de las cuales te arrepientes después? ☐

10 *Es el* **Día de San Valentín** *y quieres demostrar a tu amante lo mucho que te* **importa***:*

a ¿Le invitas una cena de lujo y le colmas con regalos románticos? ☐

b ¿Le compras la tarjeta más grande y cara que encuentras, pero no haces otra cosa? ☐

c ¿Le mandas una tarjeta de San Valentín electrónica de dudoso buen gusto? ☐

¿Qué tanto **piensas** en tu pareja?

Mayoría de A – ¡mucha consideración!

Eres el retrato mismo de la sensibilidad y la discreción, aunque te rehúsas a que pasen por encima de ti. Cuando hay desacuerdos puedes recurrir a un compromiso sutil y evitar una confrontación. Cuando tu pareja se muestra decidida acerca de un tema importante de su sexualidad sabes cómo lograr que ceda. Tienes buena capacidad para iniciar el sexo y comprender el valor del romance en una relación. Como amante tu consideración es mayúscula. No cedas ante el carácter de tu pareja al grado de que gobierne todas tus acciones. A veces será necesario que tú estés bajo el reflector, y cuando seas tú quien quiera jugar un interesante juego sexual, asegúrate de que esto suceda.

Tal vez disfrutes conociendo más acerca del efecto de distintas maneras sensuales de vestir. Existen muchas maneras para lograr el ambiente adecuado para hacer el amor por medio de ropa, luces y juguetes sexuales. ¿Por qué no intentar algo nuevo? Revisa **Arreglarse para el sexo** (p. 143) para tener una inspiración intrigante.

Mayoría de B – fortaleza y consideración

Piensas en tu pareja y la consideras, pero también respetas tus propios deseos. Intentas cumplir los deseos de tu amante, pero no dejas que te menosprecie. Esto se debe a que posees un fuerte sentido de lo que es justo y lo que no. De ser necesario, podrás actuar contra tus propios deseos para cumplir con lo que pretende un amante, lo cual ocurre con poca frecuencia. Sabes ofrecer calidez, seguridad y muestras tu aprecio con felicidad.

Sin embargo, no siempre eres tan sensible como podrías serlo. Quizá esto se deba a que esperas que tu pareja piense y sienta lo mismo que tú. Como todos somos diferentes y tenemos valores muy distintos eso es ilógico. Lee **Reminiscencias románticas** (p. 226) para conocer acerca del historial sexual de tu pareja y ver de qué modo las experiencias anteriores moldean las expectativas.

Mayoría de C – deseas preocuparte más

Quieres una relación en la que te sientas a tono con tu pareja de manera genuina. Quisieras sentirte en la misma frecuencia que tu pareja... tanto dentro como fuera de la cama. Pero en este camino tienes algunos obstáculos como depresión, incomprensión y mera mala suerte. Así que te sientes un poco desalentado(a). Tal vez parte del problema se encuentre en lo que esperas de una relación. Quizá creas que una pareja deba ser considerada pero por tu cuenta tal vez hayas tenido tan poca experiencia en esto que no estés seguro(a) de cómo ofrecer reciprocidad. Sin embargo, ¡te gustaría aprender!

Existen algunos cambios de comportamiento que te ayudarán a obtener mayor conciencia sexual. Revisa **Diez pensamientos que recordar** (p. 232). Si los consideras verás una mejoría instantánea en la reacción de tu pareja hacia ti. Lo más probable es que él o ella se haga más cariñoso(a) y te aprecie más. Eso, a su vez, te hará sentir de maravilla, y todos deseamos sentirnos así.

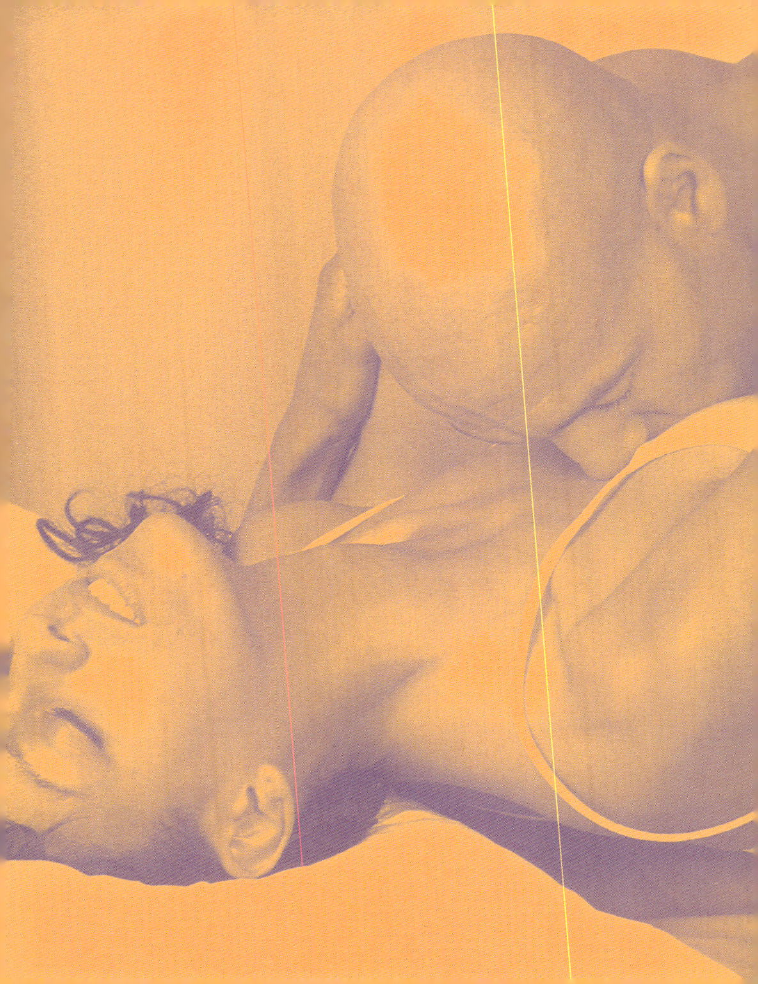

¿Amas con **poder?**

Al aplicarse al sexo, el poder se relaciona más con la presencia que con el vigor sexual. Las personas con poder sexual están en unión consigo mismas. Mientras que las mujeres se sienten muy atraídas hacia hombres poderosos, los hombres tienden a sentir reservas ante las mujeres poderosas pues las ven como una competencia. Por tanto, las mujeres poderosas aprenden a modular su fuerza siendo afectuosas y receptivas, pero sin aceptar tonterías. Los hombres que en verdad son poderosos tienden a ser iguales, así que ¿cómo calificas tú?

1 *Como el sexo tiende al placer cuando te sientes* **confortable** *con lo que haces, te calificas como:*

a ¿Capaz de aceptar cualquier actividad sexual, sin importar lo extraña que sea? ☐

b ¿De mente abierta pero consciente de tus límites y te niegas a cruzarlos? ☐

c ¿Con inhibiciones ante peticiones inusuales e incapaz de cumplirlas? ☐

2 *Te has acostumbrado a conseguir lo que deseas, de modo que cuando tu pareja se* **niega** *al sexo* **oral***:*

a ¿Sientes que se te niega algo vital para tu bienestar y te pones de extremo mal humor? ☐

b ¿Comprendes que esta pareja tiene inhibiciones o prejuicios y le ofreces sexo oral sobre la base de que esto puede ayudarle a sentir comodidad con el concepto? ☐

c ¿Aceptas la falta de interés pero lo consideras para dejar pronto esa relación? ☐

3 *Imagina que te* **interesan** *los* **juegos** *sadomasoquistas y quieres introducir a tu nueva pareja en ellos:*

a ¿Crees que lo mejor para que una pareja se sienta a gusto con la escena sado-masoquista es llevarla a una fiesta de este tipo para que experimente? ☐

b ¿Seduces a tu pareja con juegos leves de *bondage*, usando cordones de seda, y le muestras las delicias sexuales que habrán de venir, en su hogar? ☐

c ¿Hablas de las delicias del sadomasoquismo en medios no sexuales, como por ejemplo un bar, como forma de introducción? ☐

4 *Imagina que lo único que tienes que hacer para* **excitar** *a tu pareja es sólo respirar junto a ella. La* **respuesta** *está garantizada. Tú:*

a ¿La excitas cada vez que sientes deseos de tener relaciones sexuales?

b ¿Esperas a que tu pareja se te acerque?

c ¿Encuentras aburrida la respuesta instantánea de tu pareja?

5 *¿Qué tan importante es el* **sexo** *en comparación con otros factores en tu* **vida***?:*

a ¿Más importante? ☐

b ¿Más o menos igual? ☐

c ¿Menos importante? ☐

6 *Conforme* **crecemos** *a menudo el sexo se torna menos* **sensacional**, *en parte debido al hábito y en parte a la madurez, ¿qué harías tú?:*

a ¿Tener tanto sexo como te sea posible pues supones que te ayuda a mantenerte joven? ☐

b ¿Disfrutar de sexo, pero menos que antes? ☐

c ¿Cambiar de pareja pues consideras que un(a) amante nuevo(a) es más afrodisiaco(a)? ☐

7 *Cuando se trata de ver quién toma el* **control** *al hacer el amor:*

a ¿Te gusta tomar el control y diriges la acción? ☐

b ¿Lo tomas a menudo, pero no te importa cuando tu pareja lo hace? ☐

c ¿En general dejas que tu pareja lo tome? ☐

8 *Si tuvieras poco* **tiempo** *para una relación sexual, y tus parejas lo consideraran difícil de* **soportar**, *¿qué harías?:*

a ¿Esperar que las relaciones sean limitadas porque nunca hay mucho tiempo para que crezcan? ☐

b ¿Seguir intentando encontrar una nueva pareja, considerando que algún día alguien comprenderá y podrá lidiar con tu problema de tiempo? ☐

c ¿Aceptar que las relaciones personales no tendrán un papel muy importante en tu vida? ☐

9 *Si le* **sugirieras** *a tu pareja que te gustaría un experimento, como por ejemplo tomar parte en un* **trío**, *crees que:*

a ¿Cooperaría de inmediato? ☐

b ¿Se sentiría en libertad de decidir? ☐

c ¿Cooperaría con renuencia? ☐

10 *Imagina que estás muy enamorado(a) y que el* **sexo** *con tu pareja es maravilloso. Pero él o ella duda. ¿Qué harías?*

a ¿Te desesperarías ante la posibilidad de perder a tu pareja y le suplicarías que no te abandone? ☐

b ¿Te consolarías con el hecho de que amaste profundamente pero no siempre se puede ganar? ☐

c ¿Te defenderías buscando a alguien nuevo de inmediato? ☐

¿Cuánto **poder** manifiestas?

Mayoría de A – ganando poder

Eres muy atractivo(a) pero te falta poder. El sexo te resulta muy importante, quizá porque no tienes la suficiente seguridad de tu capacidad de atracción. Cuando el sexo marcha bien no confías en ello, o en tu persona. Te aburre tanto éxito y, sin embargo, en ocasiones asumes comportamientos infantiles cuando, contrario a lo común, una relación no funciona.

Aunque amas la sensación física del sexo, no siempre ves a tu pareja como un individuo y, aunque al parecer te hace feliz dedicarle tiempo a su bienestar sexual, en el fondo de tu corazón resientes ese compromiso temporal. En ti se da una extraña mezcla de éxito personal y un estancamiento en ese mismo éxito. Podría interesarte saber que las prioridades personales cambian a medida que crecemos. La ambición en el trabajo, muy importante durante la juventud y la adultez temprana, a menudo pierde significado en etapas

posteriores de la vida si las relaciones amorosas resultan insatisfactorias. Sin importar qué tan intensa sea tu personalidad, la vida siempre necesita equilibrio. El amor y el sexo deben ir de la mano con la ambición, no ocupar su lugar. Tal vez te interese leer **Soluciones para la impotencia** (p. 216) y **Sexo más seguro** (p. 170).

Mayoría de B – muy poderoso

Tienes una personalidad en verdad poderosa. Tu actitud hacia el sexo opuesto es relajada, valoras las relaciones y aunque tienes el poder para manipular a la gente lo evitas de manera deliberada, pues quieres que te amen libre y espontáneamente. Sabes bien que si la gente responde contra su propia naturaleza puedes llegar a sentirte con poder, pero sin amor verdadero.

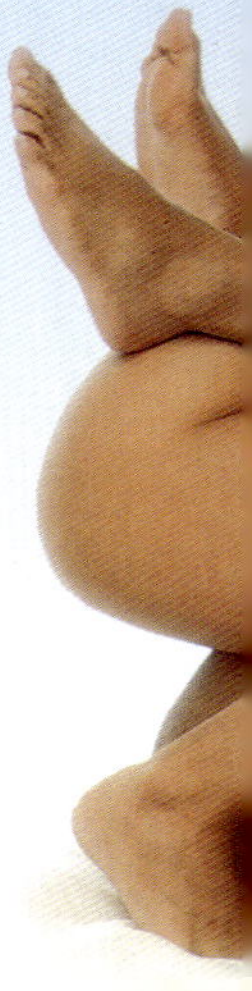

Como tienes limitaciones de tiempo, desearás sacar el máximo provecho de las oportunidades que surjan. Quizá te sea útil leer **Descanso de fin de semana** (p. 162) y **Masaje jabonoso** (p. 189).

Mayoría de C – poder controlado

Eres intenso, pero aún te falta madurez para desempeñarte bien. Para ti el sexo es más el acto que la relación. El problema con esta actitud es que el sexo por sí mismo, por más increíble que le resulte a tu pareja, se torna aburrido; además, ves a tus parejas sexuales como intercambiables cuando algo sale mal. Tu deseo de encontrar relaciones nuevas en lugar de trabajar en las actuales puede provenir del desconocimiento de cómo resolver los problemas sexuales.

Te beneficiará leer **Técnicas de masaje** (p. 176) y **Masaje genital** (p. 182). Estos ejercicios para mejorar tu sexualidad te pondrán en contacto con tu pareja, te enseñarán a hablarle y escuchar, a que se pidan mutuamente lo que desean, a mostrarse aprecio, y se sentirán mejor.

¿Amas con **potencia?**

La potencia se relaciona con el vigor, la virilidad y la salud sexual. Un amante potente es el que aguanta un buen tiempo (cuando es necesario), que está repleto de energía y que desborda fuerza juvenil. La potencia es un término que en general se aplica a los hombres y se refiere, de manera literal, a conseguir una erección. Sin embargo, en algunos contextos (como éste) también se refiere a mujeres saludables, con interés sexual y activas. Así que, ¿amas con potencia?

1 *En general* **te excitas***:*

a ¿Al instante, con una orden de tu pareja? ☐

b ¿Fácilmente, con pocos preliminares para la acción? ☐

c ¿Es una batalla, necesitas muchos preliminares antes de sentir una excitación? ☐

2 *En general* **llegas** *al* **clímax***:*

a ¿Justo a tiempo para satisfacer a tu pareja? ☐

b ¿Casi al mismo tiempo que tu pareja? ☐

c ¿Más pronto de lo que desearías? ☐

3 *Al llevar a tu* **pareja** *al* **orgasmo***, ¿puedes aguantar horas?*

a Casi siempre. ☐

b La mayor parte del tiempo. ☐

c No tan a menudo como quisieras. ☐

4 *Cuando estás con una pareja, te* **gusta** *tener* **relaciones sexuales***:*

a ¿Más de cinco veces a la semana? ☐

b ¿Tres o cuatro veces por semana? ☐

c ¿Dos veces por semana o menos? ☐

5 *¿Has estado en una situación en la que* **no logras excitarte** *lo suficiente para mantener una relación sexual?*

a Nunca, siempre estás listo(a) para la acción.

b En ocasiones, cuando la circunstancia no ha sido la adecuada.

c En muchas ocasiones.

6 *Dirías que tu* **impulso sexual** *es:*

a ¿Alto, a menudo mayor que el de tu pareja?

b ¿Medio, acorde con el de tu pareja?

c ¿Bajo; en ocasiones puede ser un problema con tu pareja?

7 ¿El sexo te resulta **doloroso**?

a Nunca, siempre funciona como reloj.

b A veces, pero esto no es un problema.

c En ocasiones, y sí que es molesto.

8 ¿**Retrasas** el orgasmo cuando la **ocasión** lo requiere?

a Sí, puedes prenderte y apagarte como un interruptor.

b A veces, si te das cuenta con la suficiente antelación.

c No como desearías.

9 ¿Haces el **amor** por **tanto tiempo** como desea tu pareja?

a Casi siempre, tienes una excelente capacidad de aguante.

b En general, pero a veces te es difícil continuar.

c En ocasiones tienes que parar antes de que tu pareja esté lista.

10 *¿Te parecen* **cómodas** *la mayoría de las* **posiciones** *sexuales?*

a Sí, las asumes con facilidad. ☐

b Algunas te parecen un poco incómodas. ☐

c Te gusta quedarte con las que te agradan. ☐

¿Qué tan **potente** eres?

Mayoría de A – superpotente

Tienes una gran salud sexual general y estás muy en contacto con la manera en que funciona tu cuerpo. Tienes una identidad sexual juvenil, lo que te hace espontáneo(a), y disfrutas de la variedad con la confianza que concede el saber que posees lo necesario. No asumas que todas tus parejas han de ser tan afortunadas como tú. Quizá no todo mundo sea tan incansable, tan lleno de dirección sexual, o que disfrute de una energía tan rebosante.

En aras del bienestar de tu pareja, lee **Prolongar el placer** (p. 194). Tener relaciones durante horas puede ser un interesante ejercicio para la salud, pero no siempre es erótico. **Masturbación durante las relaciones** (p. 204) es otra útil sección si tu pareja necesita ayuda para aguantar tu ritmo. A menudo los amantes superpotentes se preocupan sin razón cuando comienzan a disminuir su ritmo... pero esto es normal y natural. Consulta **Amor maduro** (p. 212).

Mayoría de B – potencia asegurada

Con excepción de los muy jóvenes, la tuya es la categoría en que la mayoría de nosotros se encuentra. Tienes una potencia promedio. Quizá experimentes fracasos sexuales, pero tienes la sensatez suficiente para saber que esto es normal. El buen sexo no pasa sólo por un desempeño viril. **Sexo oral** (p. 197) y **Masaje genital** (p. 182) son secciones útiles para quienes no son atletas sexuales.

Si eres una mujer que siente que su hombre está haciendo un trabajo deficiente al mantener relaciones, intenta sensibilizarte ante la manera en que él siente el sexo cuando está arriba: colócate boca abajo sobre tus manos y

rodillas y haz "lagartijas" (sin mover los brazos) sobre una amante imaginaria, como si tuvieras relaciones. Como la relación sexual promedio dura tres minutos (¡sí, así de poco!), este es el tiempo que debes dedicar al ejercicio. La mayoría de las mujeres se colapsan después de 30 segundos y, entonces, aprecian a su hombre con entusiasmo.

Mayoría de C – potencia razonable

La gente con impulso sexual bajo (muchas mujeres y algunos hombres), los varones que padecen de eyaculación prematura, y las personas para quienes es difícil llegar al clímax, comienzan sus vidas sexuales con desventajas naturales. La potencia no es el tema en estos casos, aunque tal vez una falta de energía sí lo sea. El impulso sexual abarca un espectro normal que va de una sexualidad muy alta, a una promedio, a una baja. Es normal que las personas con sexualidad baja quieran menos sexo desde un inicio.

El creciente número de hombres y mujeres que beben y fuman en exceso encuentra que el sexo parece no funcionar. El alcohol afecta el desempeño sexual y fumar afecta la virilidad. Si tú no perteneces a este grupo de personas y si te ejercitas, comes de manera saludable y desarrollas tu técnica sexual, encontrarás que el sexo se hace más sensacional. Consulta **Estar en forma para el sexo** (p. 210).

¿Amas de manera **seductora?**

Hay gente a la que le gusta que su pareja sea directa en lo sexual, pues esto le hace sentir seguridad. Otras personas prefieren algo más provocativo, pues la seducción es un reto sexual. Todo lo que se convierta en un reto será algo novedoso, tal vez sorpresivo y, definitivamente, erótico, lo cual es bueno tanto para ti como para tu relación si tienes deseos de ello. Así que, ¿cuál tipo de amante eres?

1 *Cuando sales en una* **cita** *con tu* **pareja**, *te gusta ponerte:*

a ¿El conjunto más provocador y ceñido que tienes en tu guardarropa (y sí, esto también se aplica a los hombres)? ☐

b ¿Algo revelador, pero no exagerado? ☐

c ¿Tu ropa de siempre, pues no sientes la necesidad de arreglarte para ver a tu pareja? ☐

¿amas de manera seductora?

2 *No has visto a tu pareja en una semana y sabes que, cuando se* **reúnan**, *estará frenética por tener* **relaciones** *contigo:*

a ¿Pasas la tarde limitando a tu pareja con caricias y besos hasta que esté a punto del clímax?

b ¿Cenan juntos y entran en acción?

c ¿Saltan a la cama en la primera oportunidad?

3 *Descubres que tu pareja es* **fetichista** *respecto a los* **uniformes***:*

a ¿Compras el uniforme más sexi y sorprendes a tu pareja la siguiente vez que se encuentran?

b ¿Vistes tu antiguo uniforme escolar, o de porrista, para divertirse juntos?

c ¿Crees que eso es extraño?

4 *Al* desvestirte *para tener relaciones:*

a ¿Te desprendes de cada prenda con erotismo seductor? ☐

b ¿Intentas verte elegante? ☐

c ¿Te desnudas tan rápido como es posible? ☐

5 *Al* desvestir *a tu* pareja *antes de tener relaciones:*

a ¿Le quitas cada prenda lentamente, con languidez e intensidad enloquecedoras? ☐

b ¿Le quitas la ropa con un poco de su ayuda? ☐

c ¿En tu prisa tienes problemas con hebillas y sujetadores? ☐

¿amas de manera seductora?

6 *Tú y tu pareja acaban de ver una película en el cine y concuerdan en que una de las* **escenas** *era muy* **excitante***:*

a ¿Sugieres reactuar la escena al llegar a casa? ☐

b ¿Visualizas partes de la escena al tener relaciones con tu pareja? ☐

c ¿Te ríes y no piensas más en el asunto? ☐

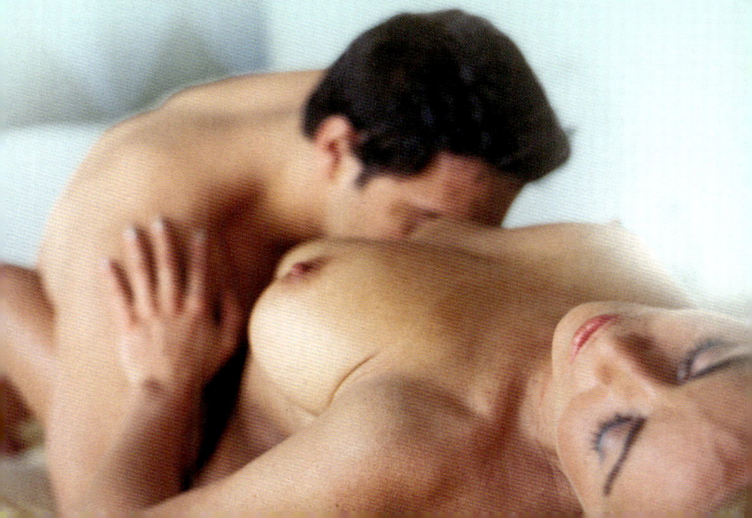

7 *En los* **preliminares** *al acto sexual:*

a ¿Juegas con el cuerpo de tu amante hasta que se encuentre suplicando por más? ☐

b ¿Atiendes sólo a los genitales de tu amante? ☐

c ¿Te apegas a la rutina de siempre? ☐

8 *Tu pareja trajo un* **juguete sexual** *y desea* **probarlo**:

a ¿Lo desenvuelves y haces que tu pareja goce? ☐

b ¿Le preguntas a tu pareja qué es lo que quisiera que hicieses con el juguete? ☐

c ¿No estás seguro(a) de querer utilizarlo? ☐

9 *Al hacer el* **amor** *con tu pareja:*

a ¿Dejas el momento de la penetración hasta que tu pareja esté gritando por ello? ☐

b ¿Efectúas la penetración cuando sientes que tu pareja comienza a desearlo? ☐

c ¿Logras la penetración cuando lo deseas? ☐

¿amas de manera seductora?

10 *Cuando tienes relaciones y tu pareja está al* **borde** *del* **orgasmo:**

a ¿Disminuyes el ritmo para prolongar su deleite por el mayor tiempo posible? ☐

b ¿Mantienes la misma velocidad y ritmo porque no quieres que termine? ☐

c ¿Aumentas el ritmo para llegar al orgasmo al mismo tiempo? ☐

¿Qué tan **seductor(a)** eres?

Mayoría de A – seducción máxima

Con una mirada eres capaz de lograr que tu pareja enloquezca. La manera en que te vistes y actúas (tanto en la cama como fuera de ella) está diseñada para mantener a tu amante en constante excitación. Siempre tienes la disposición de probar cosas nuevas para agregarle sabor a tu vida sexual. Tu poder para retrasar la gratificación es admirable. Tienes mucha técnica sexual y sabes qué hacer con precisión para mantener a tu pareja rogando por más.

Debes saber, de cualquier manera, que existe una fina línea entre la seducción y la frustración. Lee los signos de tu pareja con exactitud. Algunas personas pueden molestarse, otras sólo perder la excitación, el interés, o incluso sentirse intimidadas. Recuerda que si siempre te portas de manera seductora sin dar de inmediato lo requerido, esto puede tornarse predecible. Así que usa esta táctica provocadora con medida y ¡tal vez obtengas mejores resultados! Si quieres practicar un poco de seducción avanzada, consulta **El juego de la esclava mala** (p. 138) y **Escucha mi grabación** (p. 146).

Mayoría de B – travesuras agradables

No te gusta el exhibicionismo, pero logras que tus relaciones sexuales sean excitantes y tu amante tiene pocos motivos de queja. Podrías ser un(a) amante más erótico(a) con un poco más de seducción a la relación. Debido a que eres cuidadoso(a) en lo personal, dudas antes de hacer algo diferente cuando el sexo parece marchar bien. Disminuir el ritmo requiere de confianza en los poderes eróticos propios. El instinto casi siempre lleva a ir más aprisa.

Dale más sabor a las cosas averiguando acerca de los aspectos fisiológicos de la seducción y las maneras de lograrla, leyendo **Trucos de seducción** (p. 153).

Después, consulta **Leer el lenguaje sexual del cuerpo** (p. 220) para ver si puedes analizar la respuesta de tu pareja ante tus nuevos movimientos.

Mayoría de C – sin confianza

Prefieres una aproximación directa. A ti la seducción no te agrada y practicarla te provocaría incomodidad. Existen muchas maneras para estimular a una pareja, y la seducción provocativa es una de ellas. Hablar, reír, jugar, platicar del sentido de la vida son otros modos de seducir. (Una mujer a quien conozco acostumbraba hablar todo el tiempo durante el acto sexual, pues ella y su pareja adoraban esta idea.)

Esto no significa que no te gustaría añadir un poco de erotismo extra a tu vida amorosa. ¿Has leído en voz alta una historia sexi con tu pareja? ¿Han visto juntos una película erótica o fotografías sensuales? Éstas pueden ser buenas formas para llevar un poco de novedad a la cama. O puedes experimentar con algunos juguetes sexuales nuevos que, ahora, son más aceptables.

Échale un vistazo a **Sesión fotográfica sensual** (p. 156) y **Juguetes sexuales** (p. 160) para ayudarte un poco a que tu vida sexual se reanime.

¿Amas con **sensualidad?**

¿Adoras pasar horas acariciándote y tocándote? ¿Siempre te acurrucas junto al cuerpo de tu pareja? ¿Encuentras difícil separarte de la seducción resbalosa de su piel? ¿La comida, la música y las canciones te llenan de placer, o prefieres una aproximación más intelectual hacia el sexo? ¿Te describirías como un(a) amante sensual, o no?

1 *Tu amante te visitará para tener una* **noche** *de* **pasión**:

a ¿Preparas el cuarto con velas, perfume y calor? ☐

b ¿Sacas el tapete de piel de oveja para extenderlo en el piso de la sala? ☐

c ¿Lees en voz alta un libro de cuentos eróticos? ☐

2 *Al dormir* **juntos**:

a ¿Se abrazan toda la noche? ☐

b ¿Yacen separados, pero tomándose la mano? ☐

c ¿Te es difícil relajarte junto a otra persona? ☐

3 *Tienes tu* **cama** *cubierta con:*

a ¿Colchones y sábanas suaves y sedosos? ☐

b ¿De algodón? ☐

c ¿Con libros? ☐

4 *Tu amante siente* **tensión** *y molestias después de un día de* **estrés**:

a ¿Le das un masaje reconfortante con bálsamos perfumados y lociones? ☐

b ¿Sugieres que dé un paseo para calmarse? ☐

c ¿Ofreces hablar con él(ella) acerca de su día? ☐

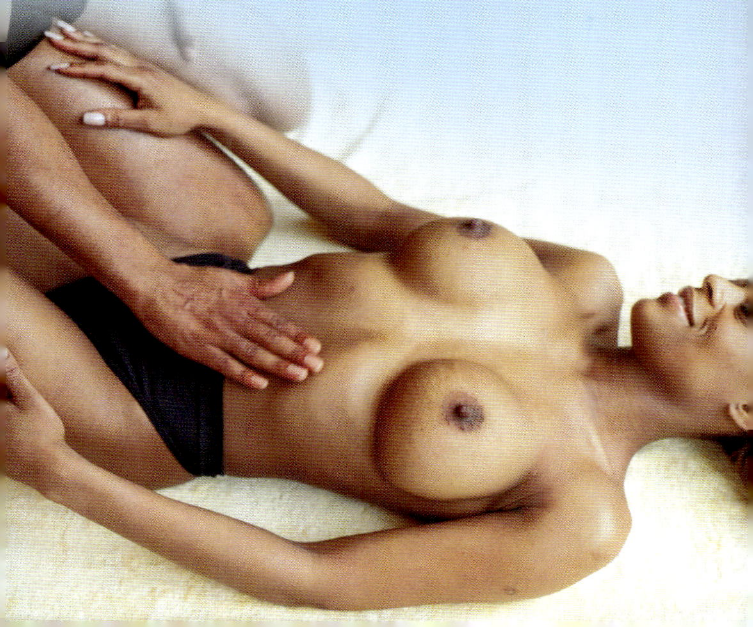

5 *Tu amante* **acaricia** *tu* **costado** *y sientes:*

a ¿Un escalofío que recorre tu cuerpo y hace temblar tus rodillas? ☐

b ¿Los inicios de una prometedora excitación? ☐

c ¿La mano de la amistad? ☐

6 *Tu amante tiene un* **trasero** *adorable:*

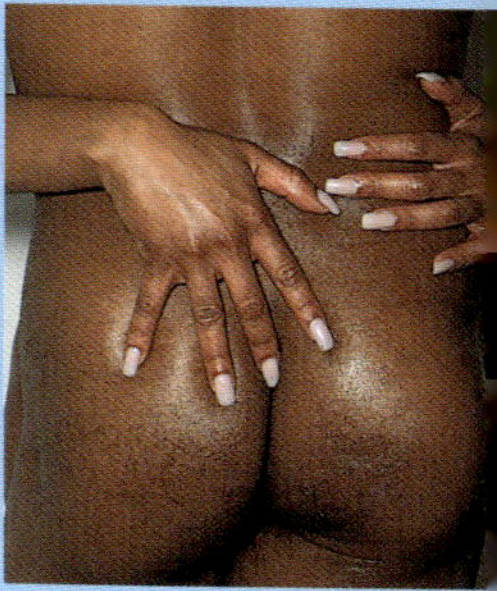

a ¿No puedes tener tus manos alejadas de él? ☐

b ¿No dejas de mirarlo subrepticiamente? ☐

c ¿Te contienes para no tocarlo, pero no dejas de presumirlo? ☐

7 *Al* **besar** *a tu pareja:*

a ¿Saca chispas de excitación sexual? ☐

b ¿Se derrite como una sensual gelatina? ☐

c ¿Hace una pausa y considera la experiencia? ☐

8 *Cuando tienes* **relaciones** *te gusta seguir* **besándote**:

a ¿Todo el tiempo, pues sientes más cercanía?

b ¿A veces, si es lo que se siente bien en el momento?

c ¿No, pues te distrae para llegar a tu orgasmo?

9 *Si se te ofrecen posibilidades para salir de* **vacaciones**, *tú optas por:*

a ¿Una semana en una playa caribeña, alojados en un centro vacacional de lujo?

b ¿Una semana en un spa, con masajes y tratamientos corporales como parte del trato?

c ¿Una vacación activa que incluya nado, equitación y esquí acuático?

10 *Deberías levantarte y hacer* **algunas** *de las* **labores** *caseras:*

a ¿Te acurrucas contra el adorable y cálido cuerpo de tu pareja y continúas durmiendo? ☐

b ¿Mueves tu cuerpo contra el de tu pareja de manera tan provocadora que quiera despertarse y tener relaciones? ☐

c ¿Te prometes una siesta vespertina y sales de la cama? ☐

¿Qué tan **sensual** eres?

Mayoría de A – muy sensual

Eres muy sensual y esto significa tanto que respondes como que eres capaz de inspirar increíbles reacciones sexuales. Los amantes más sensuales logran excitar a su pareja sólo con la punta de sus dedos. Pegar tu cuerpo al de tu pareja, abrazarse, acariciarse y tomarse de la mano son actividades que te llenan de lujuria. De ser posible te sumergirías en el cuerpo de tu amante.

Esta abundancia física significa que eres una persona por la cual es magnífico ser amado(a). Para ti es normal y natural pegarte a tu amante y envolverte alrededor suyo como una capa. No a todo mundo le gusta esto. Hay que comprender que otras personas pueden llegar a sentirse sofocadas por tanta cercanía física. Así que debes evaluar a tu nueva pareja en términos de cuánta cercanía le es cómoda. Consulta **Leer el lenguaje sexual del cuerpo** (p. 220).

Mayoría de B – pasión en privado

Eres sensual pero puedes ajustar tu lenguaje corporal de manera que se adapte. Cuando una pareja prefiere leer un libro en lugar de abrazarte después de hacer el amor no te sientes lastimado(a) o rechazado(a), siempre y cuando el acto en sí mismo haya sido maravilloso. Aunque la cercanía es genial, a veces también lo es la distancia. Tienes la autosuficiencia necesaria para disfrutar del tiempo contigo mismo(a) si tu pareja está cerca.

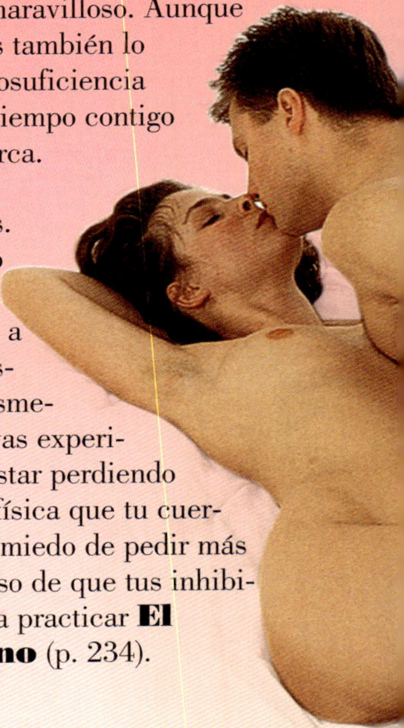

También sientes inhibiciones. Crees que el calor y el afecto deben expresarse sólo en privado y cuando encuentras a una nueva pareja no te arriesgas con una expresividad desmedida. Quizá en el pasado hayas experimentado rechazo y podrías estar perdiendo parte de la actividad sexual física que tu cuerpo tanto necesita. No tengas miedo de pedir más abrazos si los quieres. En caso de que tus inhibiciones dificulten esto, intenta practicar **El ejercicio del sí y el no** (p. 234).

Mayoría de C – más intelectual

Claro que disfrutas la sensación que da el buen sexo, pero también puedes obtener placer al pensar en ello. La sensualidad corporal no lo es todo y es difícil distraerte. Si hacer bien tu trabajo implica levantarte y salir pronto de casa, lo harás, por más tentadora que sea la pareja que dejes. Encuentras tantos goces en la vida que pasas enormes periodos de ella en pasatiempos sin sentido (aunque maravillosos) como el masaje. No extrañas mucho el contacto, pues obtienes todo el que deseas. Hay tantas cosas que dan placer, como por ejemplo leer un buen libro.

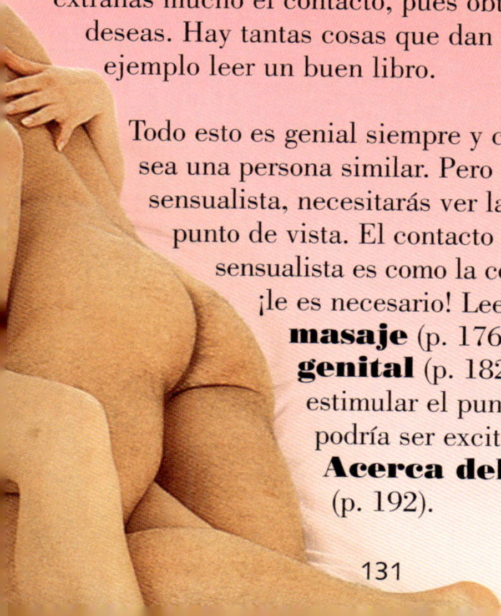

Todo esto es genial siempre y cuando tu pareja sea una persona similar. Pero si es una persona sensualista, necesitarás ver las cosas desde su punto de vista. El contacto físico para un(a) sensualista es como la comida y la bebida, ¡le es necesario! Lee **Técnicas de masaje** (p. 176) y **Masaje genital** (p. 182). ¡Aprender cómo estimular el punto G de tu pareja podría ser excitante! Consulta **Acerca del punto G** (p. 192).

parte dos **gra**

con di

luación
inciones

Jugar según las reglas

Si practicas juegos sexuales, es vital que tú y tu pareja tengan confianza mutua de manera implícita. Por esta razón, siempre establece algunas reglas de antemano. Si tienes dudas, o si tu pareja es desconocida, no juegues.

También es imperativo que puedas detener un juego sexual, de ser necesario. No puedes confiar en un "no" o un "detente", pues la protesta puede ser parte del juego. Antes de jugar, establece una palabra clave privada que signifique, sin lugar a dudas, "quiero parar esto de inmediato".

Jugadas prohibidas

✘ Llevar la acción más allá del límite acordado.
✘ No considerar el uso de la palabra clave.
✘ Exponer públicamente a una pareja (como mostrar a otras personas fotografías de sus actividades sexuales).
✘ Incorporar a terceros, a menos que tú y tu pareja lo hayan comentado y acordado.
✘ Lastimar física o emocionalmente a tu amante.

Ritos de iniciación sexual

¿Quieres practicar algunos juegos sexuales? Tal vez disfrutes con los ritos de iniciación sexual. Tú y tu pareja pueden turnarse para dar y recibir, siendo quien recibe la persona que se encuentra vendada.

Identificar olores del sexo

Se te presentan varios aromas inusuales y se te pide los asocies con distintos aspectos sexuales. Puede ser que se te muestren olores como aceite para masaje o transpiración, látex, flujos seminales o jugos vaginales.

Identificar texturas

Se te presenta una variedad de materiales o texturas inusuales para que los identifiques y hagas comentarios. Entre éstos se pueden incluir seda, satín, piel, plumas, hielo, pasta dental o jalea lubricante.

Identificar accesorios de castigo

Te sometes a una sesión de nalgadas, se te golpea con un bambú ligero, se te azota con un látigo de nueve ramales hecho de ante, o se te estimula con un mitón de piel.

El juego de la **esclava mala**

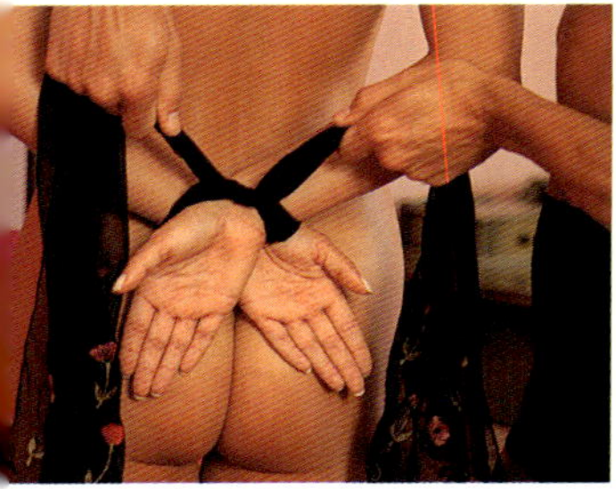

El cuarto está iluminado sólo por una vela. Tu pareja ha sido una esclava mala y tú le explicas que las esclavas malas deben ser castigadas por sus errores.

Ordénale que se arrodille junto a la cama. Cuando lo haga, amarra sus manos con cuerdas suaves (las corbatas funcionan bien), asegurando una a cada lado de la cama. Jala sus brazos hacia delante mientras amarras sus muñecas de manera que su trasero desnudo se encuentre expuesto y sus genitales a la vista. Esto hará que se sienta más desprotegida y a tu merced. Luego, abandona el cuarto.

Tiempo de disciplina

Cuando crea que te has olvidado de ella, entra de nuevo en la habitación, para descubrir que se ha movido ligeramente. Esto está prohibido, le dices, y por ello debes castigar su desobediencia.

Ella protesta, pero sin éxito. Puedes castigarla acariciando primero su trasero para que se excite y luego nalgueándola ligeramente.

Cada vez que te vayas y regreses del cuarto descubrirás que se ha movido de nuevo... y el castigo continuará. ¿De qué otra manera puedes enseñarle a esta esclava mala una lección? Puedes azotarla ligeramente o pretender que la tomas por la fuerza.

Por favor, nota que este juego puede efectuarse con un hombre en el papel de esclavo.

¡Muy importante! Nunca practiques este tipo de juegos con una pareja que parezca no desearlo por cualquier razón.

El **gran garrote**

Las nalgadas y los azotes pueden parecer dolorosos, pero, para muchas personas, un ligero golpe con la mano, o un azote juguetón, provocan que la sangre se agolpe de manera agradable, logrando que la piel se sienta caliente y cosquilleante: esto sirve como precursor de la excitación erótica.

Los instrumentos que no causan daño son azotadores para tapetes, raquetas de madera, espátulas, látigos y desgranadores suaves. Los látigos de jinete, las reglas y los bastones sí lastiman, por lo que es necesario usarlos de manera cuidadosa. Si una pareja siente dolor verdadero, hay que detenerse.

Un juego de azotes

♥ Primero preguntas "¿dónde te gustaría, aquí o acá?" Y cuando tu pareja diga "aquí", azótalo en otro lugar.

♥ Cuando tu pareja proteste, azótala de nuevo. La idea es seducir dando algo distinto a lo que se pide.

¡Advertencia! Determinen una palabra clave de seguridad para finalizar la sesión.

Arreglarse para el sexo

Vestir ropa inesperada tiene el poder erótico de impresionar... ¡de manera agradable! Si se relatan sus fantasías pueden agregar realismo a la conversación usando ropa adecuada para el papel correspondiente. No temas experimentar con cosméticos... ¡y muchachos, esto los incluye!

Ofrece una elegante fiesta de disfraces

Envía invitaciones en las que especifiques la condición de entrada: los invitados deben vestir atuendos que reflejen sus fantasías o fetiches sexuales favoritos.

- ♥ La ropa ajustada de piel —o de cuero— tiene tintes sadomasoquistas.
- ♥ La piel falsa sugiere decadencia, en particular si debajo de un abrigo de piel falsa está tu cuerpo desnudo.
- ♥ Los uniformes, sobre todo los de figuras de autoridad, resultan sexi. Vístete como bombero, policía, doctor, enfermera o maestro de escuela. Los disfraces de sirvienta y escolar sugieren una actitud servil e inocente.
- ♥ El travestismo puede ser muy erótico. Crea incertidumbre acerca de tu verdadero género.

Caprichos de **cumpleaños**

Adopta la idea de realizar un juego sexual durante tu cumpleaños. Podrías:

- ♥ Ir a una fiesta vestido(a) como si fueras del sexo opuesto.
- ♥ Hacer el amor vestidos con ropa del sexo opuesto. ¡Puedes usar un vibrador ajustado al cinto para caracterizar el papel!
- ♥ Ofrecer un baño sensual mutuo y alimentarse en la boca con frutas exóticas preparadas, así como champaña servida en copas largas.
- ♥ Pretender que se dedican a probar juguetes sexuales y usar una buena cantidad de éstos.

¿Y cuando todo termina? Bueno, entonces hay que partir el pastel.

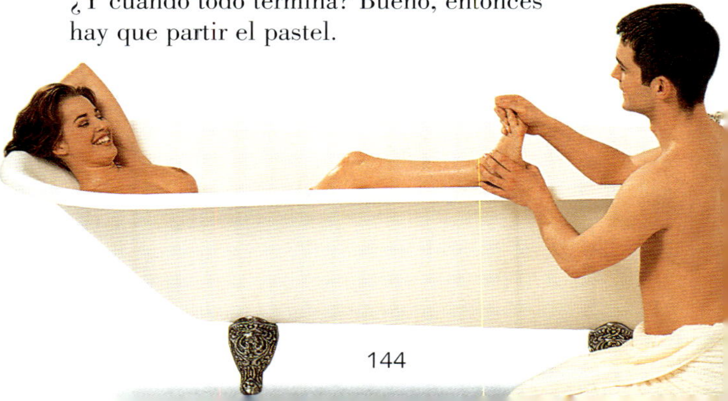

Escucha mi grabación

La idea de este juego es que grabes en cinta las ideas más sugerentes, libidinosas y excitantes que puedas imaginar, y describas los maravillosos planes que tienes para hacer el amor con tu pareja.

Puedes grabar una o dos historias eróticas, órdenes sadomasoquistas o una interminable lista de alabanzas sexuales. Podrías utilizar la grabación:

Para ti

Si no pueden verse durante algún tiempo puedes escuchar la cinta y quizá hasta realizar, en privado, algunas de las sugerencias grabadas.

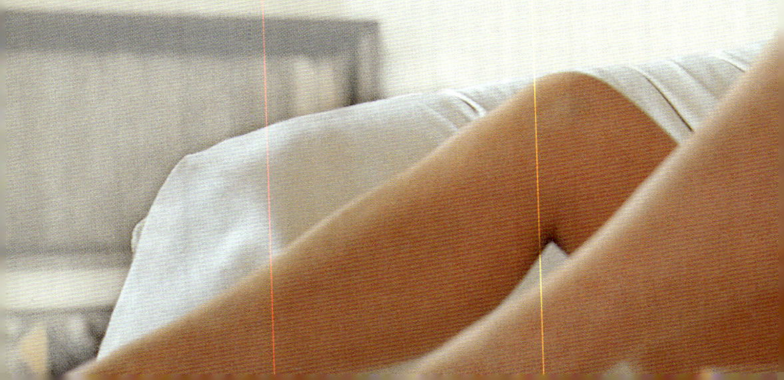

Como una forma de seducir

Podrías incorporar la cinta a un juego de imaginación sexual. Puedes vendar los ojos de tu pareja y hacer sonar la grabación pretendiendo que en el cuarto hay otra persona con intenciones sexuales. También podrías forzar a tu pareja a escuchar la cinta mientras permaneces en el cuarto de al lado. ¿Cómo funcionaría esto? ¿Haría que tu pareja se enojara? Bien, el enojo en sí mismo es un estado de excitación emocional y puede utilizarse (siempre y cuando no se permita que dure mucho tiempo) como un medio más para hacer el amor de manera excitante.

Posiciones **sexuales divertidas**

La carreta de los leones

Ella se sienta sobre el pene, con las piernas hacia los hombros de él, y se inclina hacia atrás apoyada sobre las manos.

El caballo de Héctor

Las rodillas de ella se colocan a cada lado de él, apuntando hacia su cabeza. Ella se sienta erguida y se inclina hacia atrás durante la penetración mientras él eleva sus rodillas para apoyarse. Esta posición permite una penetración profunda.

De espaldas a su frente

Él se recuesta boca arriba, con las rodillas elevadas (como se muestra en la imagen).

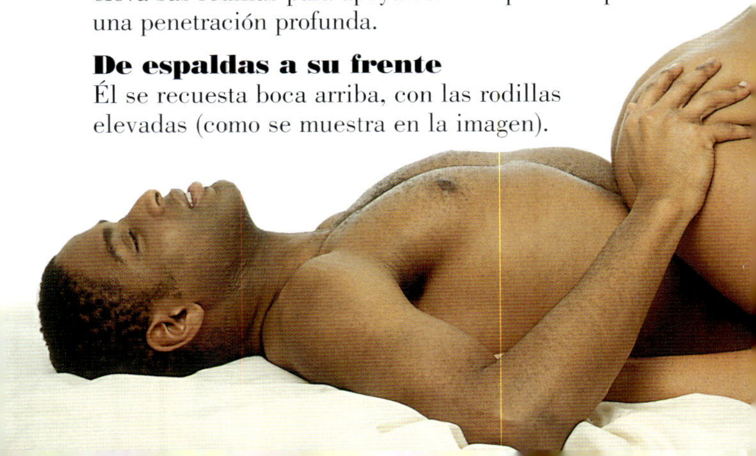

Ella se sienta encima de él, sobre su pene, viendo hacia los pies de él e inclinada hacia delante, contra sus muslos y rodillas.

La carretilla

Parada, la mujer se dobla hasta que sus manos tocan el piso. Su pareja se para detrás de ella, toma sus piernas a la altura de los muslos y, colocando los muslos debajo de sus brazos, la penetra por atrás.

Las mujeres con problemas de espalda no deben, en cualquier circunstancia, intentar esta posición.

Banquete sexual

Haz planes para relajar y consentir a tu pareja durante horas de maniobras: es la mejor manera de despertar su apetito sexual.

Fiesta para los sentidos

♥ Prepara un baño tibio y aromatizado con fragancias dulces para tu amante. Mientras entra en el agua, sirve champaña en una copa larga y ofrécesela. Aliméntale con frutas exóticas extraídas de una fuente preparada de manera hermosa.

♥ Entra en la tina hasta que quedes sentado detrás de tu pareja, y abrázala acunándola entre tus brazos. Si se te antoja derramar champaña sobre su cuerpo, adelante.

♥ Al salir de la tina envuelve a tu pareja en toallas cálidas y mullidas (preparadas de antemano) y no le permitas que se seque; hazlo tú.

El alimento del amor

♥ A continuación, utiliza el alimento como una manera de estimular el cuerpo de tu pareja. Derrama miel sobre su piel y lámela hasta limpiarla. Adórnale con crema y deléitate comiéndola. Pasa un cubo de hielo por sus pezones, lame chocolate líquido de su cuello.

♥ Cuando comience a excitarse, derrama un poco de champaña en sus genitales y lámelo, incluso puedes colocar un *bagel* alrededor de su pene y mordisquearlo ligera y accidentalmente poco a poco. Diviértete.

Trucos de **seducción**

- ♥ Déjate algunas prendas en lugar de desnudarte por completo.
- ♥ Mujeres: algunas prendas (como ligueros y medias) son provocativas en extremo. Hombres: los calcetines no lo son.
- ♥ Sugiere alguna actividad sexual y luego pon en práctica otra distinta.
- ♥ Durante los juegos sexuales amarra a tu pareja, y si se porta desobediente dile que tendrás que castigarle. Luego, haz que sea imposible obedecerte.
- ♥ Haz que tu castigo sea una combinación de caricias cálidas seguidas por azotes firmes. Haz que sienta una seguridad falsa por medio de las caricias, incluso aunque sepa que el peso de tu mano puede caer en cualquier momento.
- ♥ Si tu pareja está muy excitada, retrasa deliberadamente el placer durante un rato.

Notas de amor sensuales

El meollo de una nota amorosa es recordar a la otra persona tu existencia y manifestarle que te importa. La mejor manera consiste en cautivar su atención con algo que le excite, intrigue o estimule.

Puedes lograrlo haciendo que ría, que piense, o, directamente, que se excite. Recuerda que si en tu nota de amor haces una promesa sexual, o de otra índole, ¡es muy importante que la cumplas!

Puedes:

- ♥ Mandar una invitación en la que diga: "Esmeralda Diamante solicita su compañía para un banquete, el platillo principal será: Esmeralda Diamante."
- ♥ Colocar una nota en el limpiaparabrisas del automóvil de tu pareja, en la que se lea: "Bonito auto, ¿qué tal un *rally*?"

- Enviar media fotografía (la mitad superior) acompañada de una nota que diga: "Si deseas saber qué hay en la otra mitad, nos vemos en tal sitio."
- Escribir una nota en forma de anuncio clasificado en la que diga: "Joven prostituta necesita que la rescaten, si crees que puedes evitar que salga a pararme en las esquinas, veámonos en el Bar de Johnny." Después vístete de acuerdo al personaje inventado y espera en un bar que tenga cierta clase de reputación sexual. Cuando tu pareja llegue, actúa según el personaje.
- O, si eres hombre, puedes escribir: "Joven travesti busca con urgencia una reformadora moral. Reúnete conmigo en Madame Fifi's." Vístete con ropa de mujer, sin olvidar el maquillaje de los ojos. ¡Actúa según el personaje!

Sesión fotográfica sensual

Una cámara puede capturar momentos eróticos especiales; si quieres un recuerdo visible de tu pareja medio desnuda mirándote con deseo y sin inhibiciones, lo segundo mejor a la realidad es tener una copia fotográfica en tu cartera.

Una mujer le envió a su hombre una serie de hermosas fotografías (tomadas con un mecanismo de retardo) en las que posaba como:

- ♥ Una antigua estrella de cine.
- ♥ Una *dominatrix*, con todo y látigo y botas de cuero negro hasta los muslos.
- ♥ Un platillo en un banquete.
- ♥ Una chica del harén de un sultán.

Consejo erótico:
Identifica los gustos de tu pareja. Haz lo que le agrada más que lo que a ti te guste.

El poder de la **ducha**

La regadera combina calor, presión, humedad y fricción, lo que la convierte en un juguete sexual perfecto. Según el *Informe Hite*, el método favorito de muchas mujeres para alcanzar un orgasmo consiste en usar la ducha para ofrecerse a sí mismas un masaje acuático.

Juegos en la regadera

- ♥ Cúbranse uno al otro con jabón líquido y dense mutuamente un masaje erótico bajo la ducha.
- ♥ Utilicen la regadera para ofrecerse placer y castigo de manera alternativa. Para dar placer dirige el agua caliente hacia los genitales. Como castigo, avienta un chorro de agua fría en la espalda.
- ♥ Vean qué tanto pueden excitarse recíprocamente usando sólo los chorros de agua de la regadera.
- ♥ Sorprende a tu pareja con un poco de sexo espontáneo en la ducha.

La mejor posición para tener sexo en la regadera (¡o en la cual es menos posible que resbalen!) es aquella en la que la mujer se inclina y el hombre la penetra por atrás.

Juguetes sexuales

Los juguetes eróticos pueden agregar novedad y excitación a tu vida sexual. Existe todo tipo de juguetes para cada gusto, de manera que no hay razón para que no debas reunirte con tu pareja a escribir una excitante lista de compras.

Vibradores

- Puedes comprar vibradores silenciosos diseñados para guardar en la palma de la mano: justo la clase de equipo que tu tía no podrá reconocer.

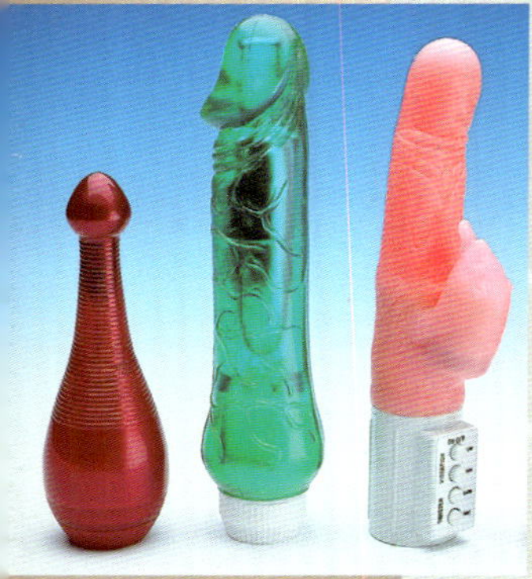

- Puedes comprar vibradores hechos con sustancias brillantes parecidas a la jalea.
- Ahora existen muchos anillos fálicos que vibran accionados con una pequeña batería.
- Algunos anillos fálicos incorporan elementos que estimulan el punto G o la glándula prostática; otros tienen sondas al frente, diseñadas para el clítoris.

♥ Un vibrador novedoso es una especie de sonda pequeña, tanto que es indetectable. Funciona con una minúscula batería y puede provocar verdaderas locuras si se usa por debajo de la mesa durante una cena.

Sobretodo con argollas para *bondage*

Se trata de una versión de un sobretodo ajustado que viene en un siniestro tono negro, un rojo escarlata de lo más pícaro, o en rosa-carne. Como parte de los juegos de *bondage* puede ser muy divertido, además de que también se ve espectacular como accesorio de moda. Por supuesto, un sobretodo con argollas común puede ser igual de excitante.

Columpio sexual

Inventado por una pareja emprendedora (la cual aparece en su video de instrucciones), se trata de un sistema de asientos y correas que cuelgan de un punto central. La idea es que la persona en el columpio sea fácilmente asequible para una pareja que disfrute de la pasividad en su amante. También tiene la ventaja de ser muy práctico si se padecen problemas de artritis.

Descanso de **fin de semana**

¿Quieres aliviar la pesadumbre invernal o celebrar la renovación de la primavera? Una manera de avivar tu vida sexual consiste en plagiar a tu pareja para pasar juntos un fin de semana. La novedad hace que los primeros días de una relación sexual sean muy excitantes; lástima que muchos de nosotros no acostumbremos salir juntos con más frecuencia. Los fines de semana en sitios distintos a casa son el antídoto contra la rutina y el aburrimiento sexuales.

Ya sea que te quedes en un hermoso hotel campirano con una chimenea y troncos candentes o que pidas prestado el apartamento a un amigo para pasar el fin de semana, lo genial es el cambio de rutina.

Piensa en largas y relajantes caminatas durante el día, una cena temprana y retirarse pronto al dormitorio... o a la sala... o a cualquier otro lado. Pueden darse un baño caliente, ofrecerse una sorpresa especial con pequeños regalos, planear un masaje maravilloso, y luego ¡ver qué es lo que pasa!

El juego del mapa de pruebas

Las áreas sensuales de las personas varían. Un sitio sensual en el cuerpo de una persona no necesariamente será igual en otro individuo. Es importante hacer un mapa mental de las zonas erógenas de tu pareja. ¿Cómo puedes lograr esto? Realizando el siguiente juego.

Cómo jugar

- ♥ Uno de los miembros de la pareja se sienta o recuesta sin ropa. El otro acaricia un área de cinco centímetros de su piel y le pregunta el grado de sensación que obtiene, en una escala de 3 a menos 3.
- ♥ Si la sensación es grandiosa se le califica con 3; si no es especial, 0, y si es desagradable la calificación será negativa. Así se averigua con rapidez qué áreas capilares son placenteras y cuáles no.

- Las zonas principales son los labios y los párpados, las orejas, los hombros, los pechos y los pezones y, por supuesto, los genitales.
- Para mucha gente, que le acaricien los pies resulta sorprendentemente excitante. Pero hay otras áreas llenas de sorpresas: prueba, por ejemplo, acariciando los costados de los senos.

Al hacer el amor posteriormente, utiliza tu recién adquirido conocimiento y estimula los puntos álgidos que acabas de descubrir.

Sorprende a tu pareja

Todas las relaciones se benefician con el elemento sorpresa. Una manera de sorprender agradablemente a tus parejas consiste en ofrecerles una experiencia erótica inesperada...

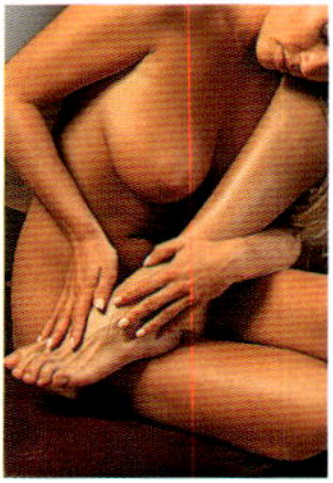

El pie consentido

A primera vista esto puede no parecer muy erótico. Pero quizá te parezca así por no haberlo experimentado nunca. Si lavas los pies de tu pareja con agua caliente, los secas con toallas cálidas y mullidas, y luego masajeas cada centímetro cuadrado con un aceite para masajes con aroma a hierbabuena, en verdad que él o ella habrá de agradecértelo.

¡Consejo erótico! Desliza muy lentamente tu dedo por en medio de los dedos de su pie.

Encuentro con un abrigo de piel de armiño

No hay nada como un elemento de riesgo real de ser encontrados haciéndolo. Si nunca en tu vida lo has intentado, podrías considerar el experimento de caminar sola por la calle con nada encima excepto un abrigo de piel, sabiendo que tu amante te espera al final del camino. Hacerlo asusta... y es maravilloso.

Un vibrador extraordinario

Si eres neófito(a) en el uso de los vibradores, o ya los has utilizado, piensa en invertir en un modelo diferente. Si él jamás ha probado un pulsador anal, anímalo al riesgo. Si ella nunca se ha estimulado en su punto G, existe un vibrador para tocarlo. Observa con cuidado algún sitio web de venta de juguetes sexuales y elige lo que podría ser bueno para ti.

¿**Sabías** que...?

¿Por qué no probar tu conocimiento sexual general para averiguar si sabes tanto como crees?... Por ejemplo, ¿sabías que...?:

- Al tener su orgasmo, tanto hombres como mujeres tienen contracciones al mismo ritmo (cada 0.8 segundos).
- Algunas personas dicen que el punto G no existe.
- El clítoris y los labios vaginales tienen una especie de erección al igual que el pene.
- La glándula prostática puede llevar al orgasmo a un hombre por medio de la presión constante, en ocasiones incluso sin que éste tenga una erección.
- Dentro de la matriz el feto humano es femenino durante las primeras seis semanas, incluso si se desarrolla para convertirse en masculino.
- Mientras más joven seas al iniciar tus relaciones sexuales tendrás mayor tendencia a las infecciones genitales.
- Se cree que la testosterona es responsable del deseo sexual, la sensibilidad y el desempeño en ambos sexos.
- Puedes experimentar un orgasmo en cualquier sitio del cuerpo.

Sexo más seguro

Al practicar el sexo de manera más segura puedes reducir el riesgo de contraer varias enfermedades de transmisión sexual (ETS), incluyendo VIH (Virus de Inmunodeficiencia Humana) y SIDA (Síndrome de Inmunodeficiencia Adquirida).

Cuando el pene de un hombre penetra la vagina durante una relación no protegida, ella está expuesta al semen y él a los fluidos vaginales. Como los virus y otras infecciones se transmiten por medio de estos fluidos corporales, esta es una actividad de riesgo. El sexo más seguro es el que no involucra intercambio de fluidos corporales.

Cualquier persona que tenga preocupaciones o dudas acerca de la salud sexual o el historial de una pareja debe practicar el sexo más

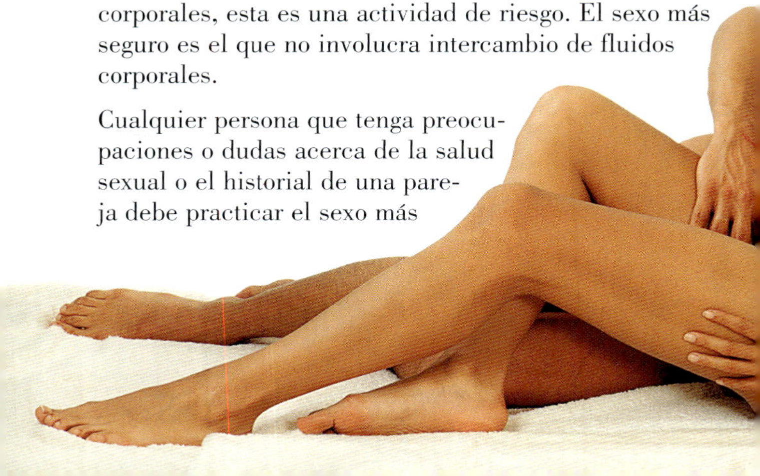

seguro. Sólo estás a salvo si tienes un historial limpio de salud sexual y si tienes relaciones sexuales monogámicas.

Los principios del sexo más seguro

- Usa condón en cualquier tipo de sexo penetrativo.
- Ten relaciones sexuales sin penetración. Acariciarse y masajearse son de bajo riesgo. Prueba con la masturbación mutua y el sexo oral con condón.
- Evita tener relaciones sexuales con personas que tengan llagas abiertas en los genitales.

Conocimiento de los **condones**

El condón no sólo es una manera efectiva de contracepción, sino que también actúa como barrera contra las infecciones. Ponerte un condón de manera correcta puede ser la diferencia entre la salud y la enfermedad.

Usar condones de modo seguro

♥ Comienza con un masaje genital.

♥ Convierte el masaje en masturbación como un preliminar a la colocación del condón.

♥ Al colocar la cubierta, asegúrate de que saques todo el aire de la punta utilizando tu pulgar e índice: incluso una pequeñísima burbuja de aire puede provocar que el condón se rompa durante la relación.

♥ Sin dejar de presionar la punta, coloca la cubierta en la cabeza del pene y, con la otra mano, desenróllalo hasta la base.

- Cuando él salga, después de haber tenido relaciones, asegúrense de que ella mantenga el condón en su lugar para evitar que éste se deslice, introduciéndose en la vagina y derrame semen.
- Los condones también pueden utilizarse para que el sexo oral sea más seguro... aunque puede ser una buena idea usar condones con saborizantes.

Técnicas para **besar**

En el antiguo clásico del erotismo, el *Kama Sutra*, se afirma que el beso es parte importante del arte amatorio, y se enlistan más de doce tipos distintos de abrazo.

Aquí presentamos algunos de los besos que ahí se recomiendan:

El beso doblado

Es cuando las cabezas de los dos amantes se encuentran dobladas una hacia la otra y el beso se da en ángulo (como se muestra en la imagen de abajo).

El beso en giro

Ocurre cuando uno de los amantes gira el rostro del otro sosteniendo su cabeza y barbilla para besarlo (como se muestra en la imagen de la derecha).

El beso de frente

Esto es labio contra labio: la clase de beso que marca el inicio de una relación.

El beso apretado

Es cuando el labio inferior se aprieta con mucha fuerza, ya sea sólo con los labios, o si te sostienen y besan al mismo tiempo.

El beso que aprieta

Cuando tomas ambos labios del otro entre los tuyos. ¡No es práctico si tu hombre tiene bigote!

Técnicas de **masaje**

El masaje sensual debe hacerse en un ambiente cómodo, de aroma agradable. El calor es esencial pues si la piel es tocada por aire frío ésta se tensa y el contacto resulta doloroso y desagradable.

Reglas de oro

♥ El masaje debe practicarse sobre toallas gruesas colocadas en el suelo y no sobre la cama, pues ésta “cede” demasiado.

♥ El masaje necesita privacidad para que sientas seguridad. Si hay otras personas en la casa, asegura la puerta para evitar interrupciones.

- Es esencial que las manos estén limpias y cálidas. Incluso un ínfimo pedazo de suciedad puede sentirse como un alfiler paseándose por la piel. Asegúrate de que la piel de tu pareja no se tense al primer contacto, calentando el aceite para masaje de modo que esté tibio, mas no caliente (prueba colocando la botella en la tina y dejando que flote). También calienta tus manos.
- Quítate toda la joyería que pueda atorarse, como anillos y relojes.
- Frota entre tus manos el aceite para masajes antes de aplicarlo. Nunca dejes caer el aceite sobre el cuerpo de tu pareja pues la sensación será incómoda.
- Cuando el cuerpo esté lubricado con el aceite y comience el masaje, no separes del cuerpo ambas manos al mismo tiempo hasta que hayas terminado el masaje, ni siquiera cuando necesites más aceite.
- Intenta mantener un ritmo relajado, constante, a medida que vayas dando el masaje: ¡no lo aceleres, mantenlo lento!

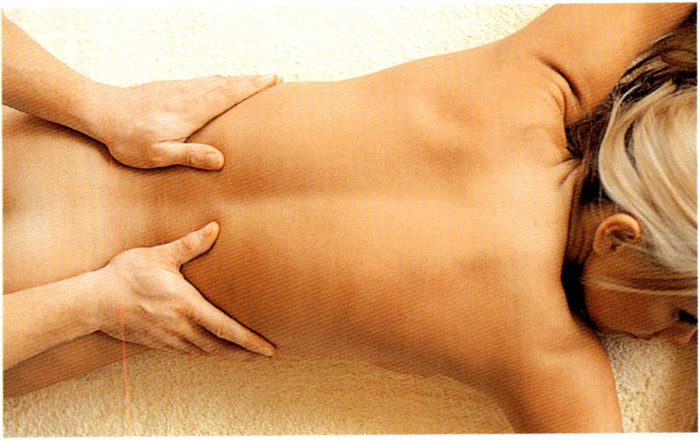

Círculos

Esta es la técnica de masaje más útil y básica.

♥ Usando ambas manos, con las palmas hacia abajo, haz círculos sobre la piel de tu pareja. Hazlos en dirección contraria a la columna y nunca sobre áreas huesudas.

♥ Puedes utilizar toda la mano para hacer círculos, utilizando una presión firme o ligera, o puedes hacer círculos con la punta de los dedos e incluso con las uñas (las uñas son increíblemente excitantes).

♥ Comienza con una presión firme y suaviza conforme tu pareja se relaja. Siempre masajea lentamente.

Deslizamiento

Este es el movimiento más espectacular del masaje y se utiliza sólo para la espalda.

- ♥ Tu pareja se acuesta boca abajo y tú te sientas sobre la parte superior de sus muslos. Coloca tu mano sobre la parte más baja de los glúteos de tu pareja, con las palmas derechas y los dedos apuntando hacia la cabeza.
- ♥ Recárgate sobre tus manos de manera que tu peso corporal vaya empujándolas hacia arriba, a lo largo de la espalda, hacia la cabeza. No hagas que el movimiento sea forzado, permite que tome el tiempo que sea necesario. Cuando llegues al cuello lleva tus manos por encima de los hombros, bajando por los brazos y de regreso hasta la parte inferior de los glúteos.
- ♥ Repite esto dos veces.

Peso

Este masaje ayuda a eliminar la tensión de la parte inferior de la espalda y es genial para la columna, que acumula mucha tensión.

- ♥ Siéntate a un costado de tu pareja, coloca tus manos a cada lado de su columna, justo por debajo de la línea de la cintura, apoyándote en la punta de los dedos.
- ♥ Recárgate sobre tus manos y deja que el peso de tu cuerpo separe tus manos y haga que bajen hacia las caderas. Haz esto tan lento como te sea posible.
- ♥ Repite el movimiento dos veces, pasando desde la cintura y bajando hasta arriba del final de la columna.

Si quieres prestar un poco de atención a los brazos y las piernas, las caricias con una mano sobre la otra y haciendo pequeños jalones funcionan bien en las extremidades.

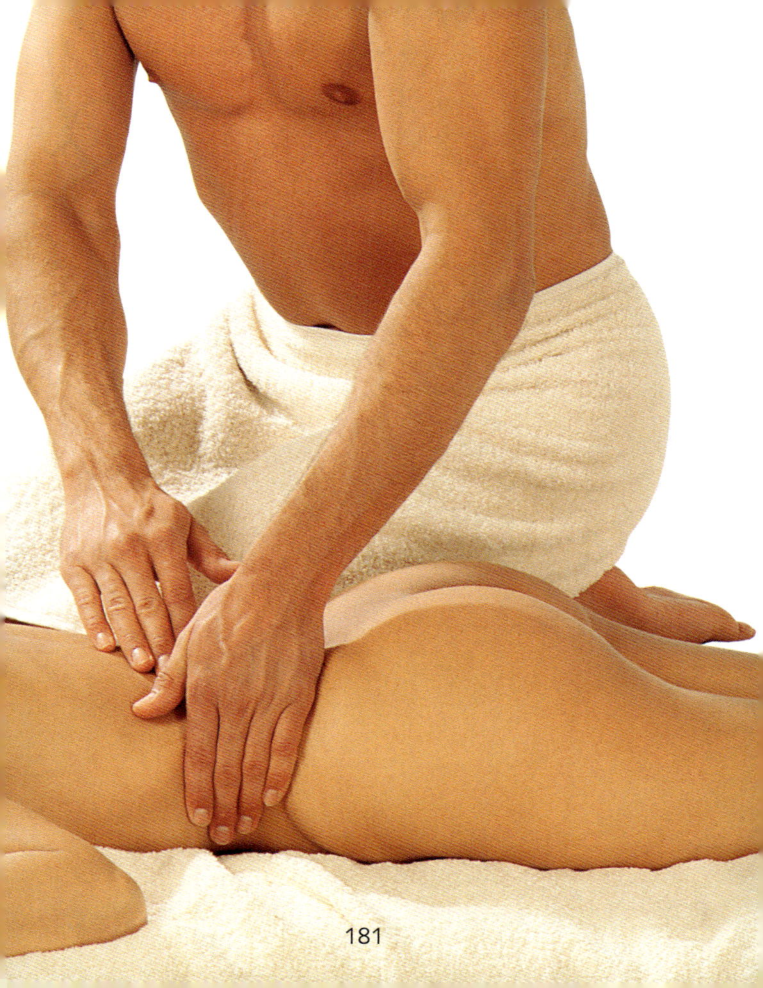

Masaje genital

El masaje genital debe seguir a un masaje de cuerpo entero para asegurar que tu pareja se relaje por completo.

Para ella

Masaje para el clítoris

Con extrema delicadeza, asegurando que el contacto sea casi como el de una pluma y utilizando mucha lubricación, pasa tu dedo primero alrededor del bulbo y luego hacia arriba y abajo de su clítoris.

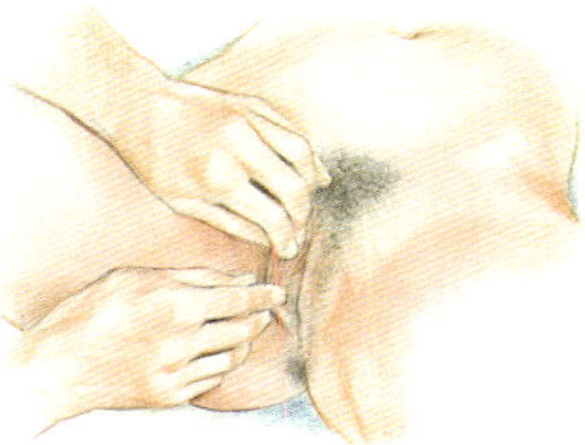

Jaloncitos

Comienza con los labios externos. Utilizando ambas manos al mismo tiempo, jala con suavidad y luego suelta, como harías si se tratara del labio inferior de tu boca.

Jalones delicados de vello

Con ambas manos, toma pequeños mechones de vello púbico y jala con suavidad. Cubre el área púbica en su totalidad. Esto ofrece gratas sensaciones de cosquilleo.

Pico de pato

Coloca una mano en forma de pico de pato y en un ángulo tal que la punta se dirija hacia su clítoris. Con la otra mano derrama suavemente el aceite tibio (no caliente) sobre tus manos de modo que escurra lentamente hacia sus genitales, produciéndole una sensación de flujo cálido.

Para él

El sacacorchos

Sostén su pene entre ambas manos, apuntando hacia la misma dirección. Gira tus manos en direcciones opuestas y luego hazlas regresar, después vuelve a girar.

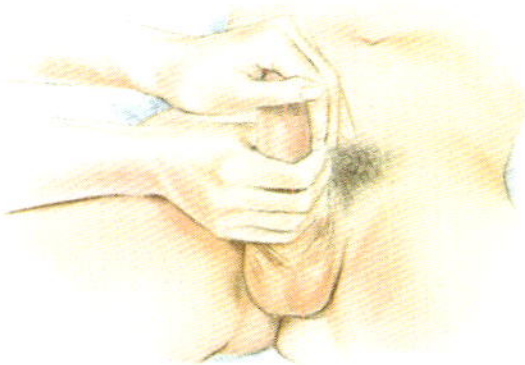

El exprimidor de limones

Mantén inmóvil al pene sosteniéndolo por la mitad con una mano. Frota la palma de tu otra mano, ahuecada y lubricada, alrededor de la cabeza como si estuvieras exprimiendo un limón. Mientras haces esto, comienza a jalar la otra mano hacia arriba y hacia abajo del pene, de manera que haya dos acciones ocurriendo de forma simultánea.

La cuenta regresiva

Sujeta el pene con una mano debajo de la otra y muévelas suavemente hacia arriba. A medida que cada una de las manos llegue a la parte superior del miembro,

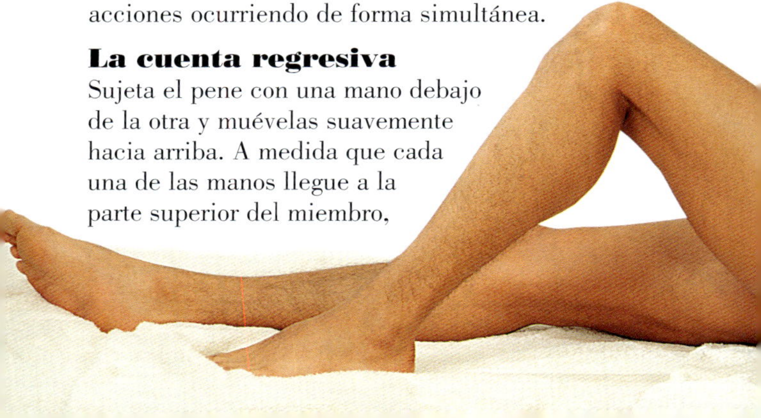

hazla regresar a la base (sin contacto) y luego repite el movimiento. Después de nueve movimientos hacia arriba, retrocede la dirección de manera que esta vez vayas hacia abajo (nueve veces). Después haz ocho caricias en cada dirección, luego siete, a continuación seis, y así hasta que llegues a una.

Mano sobre mano

Coloca tu mano, en forma de taza, sobre la cabeza del pene y deslízala hacia abajo. Antes de llegar a la base del pene, pon tu otra mano en la cabeza del mismo para repetir el movimiento.

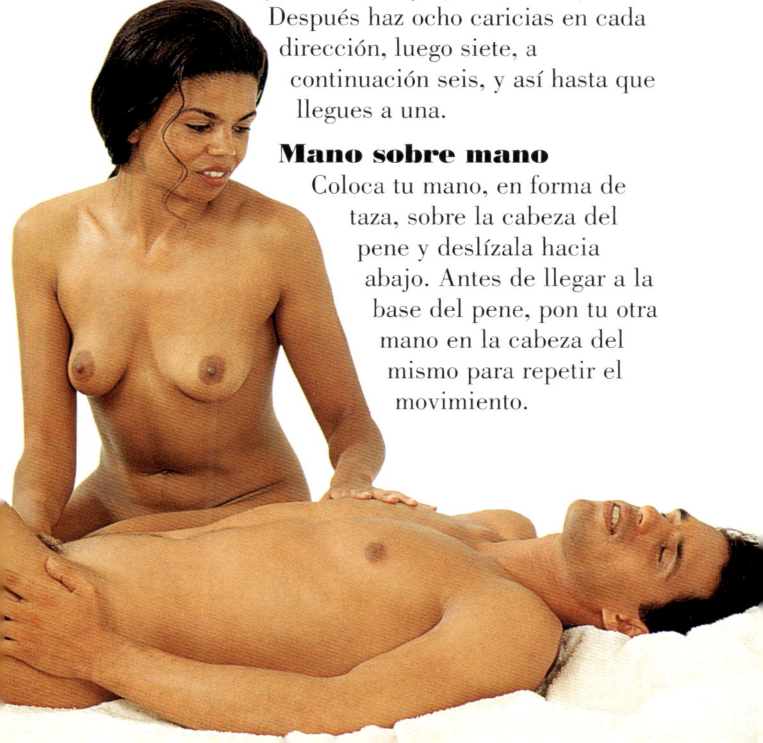

Masaje
a tres manos

Hombres: comiencen ofreciendo a su amante un masaje de espalda y coloquen sus piernas alrededor de sus muslos de manera que estén sentados sobre ella. Cubran generosamente con aceite no sólo los glúteos de ella, sino también el abdomen, los genitales y los muslos propios.

♥ Sin interrumpir el sensual masaje de su espalda, permitan que su bien lubricada mitad inferior se deslice hacia atrás y hacia delante sobre sus muslos y trasero de manera que los genitales estén contacto con la piel de ella y también la masajeen.

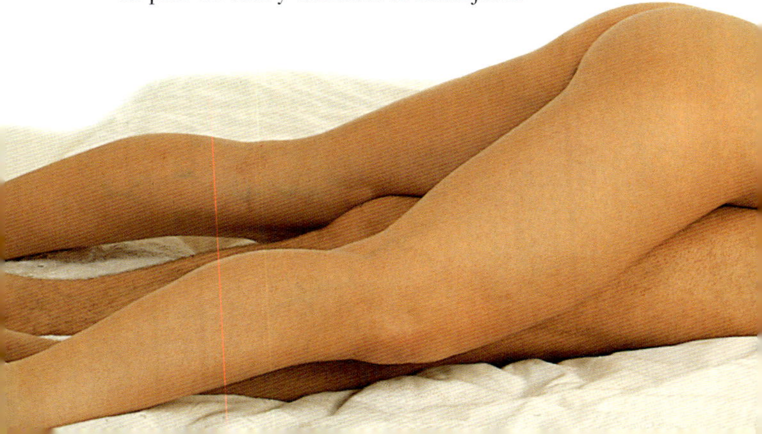

♥ Mientras hacen esto, permitan que el pene encuentre su camino por en medio de las piernas de ella, un poco separadas, y hagan contacto con su vagina. Penétrenla excepcionalmente despacio y sigan masajeándola al mismo tiempo, de modo que todos los movimientos se fusionen.

Mujeres: es posible que logren el equivalente femenino del masaje a tres manos ofreciéndole a su amante un masaje frontal y utilizando todo su cuerpo para deslizarse encima de él.

Masaje **jabonoso**

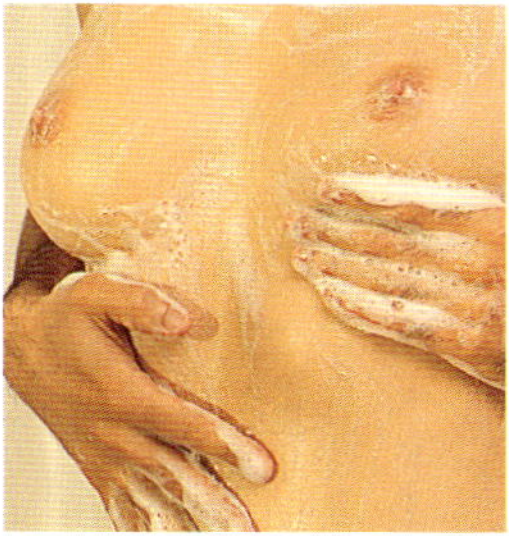

- Disfruten juntos de un baño en ducha o tina caliente, de manera que ambos se sientan relajados y limpios.
- Coloca toallas dobles en el suelo (de preferencia en el del baño) y pon a tu pareja, boca abajo, encima de ellas.
- Utilizando un jabón espumoso líquido, cubre la espalda de tu pareja y tu parte frontal, creando tanta espuma que apenas puedas ver la piel.
- Luego colócate boca abajo sobre la espalda de tu pareja y muévete de un lado a otro; deslízate y practica el *surf* sobre su espalda.

¡Advertencia! No hagas esto si tu pareja es mucho más pequeña que tú, no sea que aplastes su cuerpecito.

Estimulación del **clítoris**

El clítoris es un pequeño botón que se encuentra en la parte superior de la vagina, justo debajo del hueso púbico, y que funciona en gran parte como receptor y trasmisor de maravillosas sensaciones sexuales.

Si le prestas atención al clítoris acariciándolo de determinadas maneras, éste enviará señales al cerebro y el cerebro dirá: "¡esto es genial!", enviando a su vez mensajes al clítoris y los genitales, para indicarles que se exciten.

Mientras más sensación reciba la mujer, mayor será la acumulación de tensión sexual, hasta que (si ocurre lo esperado) el clímax elimine la tensión y su cuerpo regrese a la normalidad.

Caricias para el clítoris

♥ Practica con una caricia corta hacia arriba y hacia abajo al lado izquierdo del clítoris, y luego al lado derecho.

♥ Practica con una caricia ligera y enseguida una firme.

♥ Prueba con masaje directo en la cabeza del clítoris.

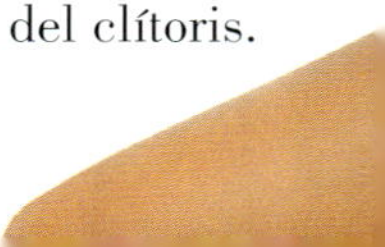

- ♥ Luego haz movimientos giratorios alrededor de la cabeza del clítoris.
- ♥ Jala hacia arriba desde la parte inferior del clítoris... la sensación será genial para tu pareja.

Acerca del **punto G**

Punto G es el nombre que recibe el promontorio carnoso localizado dentro de la vagina que, cuando es presionado, a menudo desencadena el orgasmo. En algunas mujeres, este orgasmo de punto G también desencadena un tipo de eyaculación que es un pequeño

arco de fluido desde la uretra. El análisis de este líquido muestra que es muy similar al semen a excepción de que no contiene esperma.

De cualquier modo, para complicar las cosas, al parecer no todas las mujeres tienen un punto G, nadie sabe con exactitud qué es, muy pocas mujeres "eyaculan", y algunas personas afirman que ni siquiera existe.

Cómo localizar el punto G

Si quieres localizar tu punto G, lo mejor es pedírselo a tu amante y no intentar encontrarlo por ti misma. Esto debido a que dicho punto se localiza tan profundo en la vagina que sólo los dedos más largos tienen posibilidades de alcanzarlo. El punto G se sitúa al fondo de la pared anterior (o superior) de la vagina.

- ♥ Al parecer frotar el punto G no produce orgasmos con tanta facilidad como cuando se le oprime de manera firme y constante.
- ♥ Ahora hay vibradores diseñados con sondas para el punto G, que pulsan en lugar de vibrar: exactamente lo que se necesita.

¡Advertencia! No te preocupes si no logras encontrar tu punto G. No todas las mujeres lo tienen.

Prolongar el placer

La relación sexual penetrativa dura en promedio tres minutos. No obstante, las mujeres necesitan mucha mayor estimulación, y durante mucho más tiempo, para alcanzar el clímax: ¡a diferencia de los hombres! Es importante que se considere la penetración sólo como la última parte de la muy placentera experiencia general de besarse, abrazarse, tocarse, acariciarse, susurrarse palabras sensuales, masturbarse mutuamente y tener sexo oral.

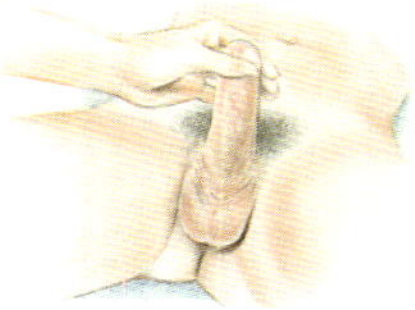

Durar más

Si un hombre no puede evitar eyacular aprisa, debería probar la técnica del "apretón". Esto involucra apretar con fuerza el pene, con los dedos pulgar e índice, sobre el anillo coronal (cerca de la cabeza), de manera que se bloquee la eyaculación. Aunque es posible que pierdas temporalmente tu erección, deberías poder recuperarla con rapidez. De hecho, puedes entrenarte para durar más tiempo practicando en privado de esta técnica (consulta **Retrasando el orgasmo masculino**, p. 206).

Consejos respecto al orgasmo

Cuando las mujeres están cerca de su orgasmo, es importante que no detengas la estimulación. A diferencia de los hombres, si la estimulación se detiene, la sensación se pierde y es necesario comenzar de nuevo. Esto implica que si has encontrado un movimiento exitoso de mano, boca o pene, continúalo. Considera la posibilidad de tener relaciones sexuales por atrás, de modo que puedas usar al mismo tiempo en tu mujer la estimulación manual.

Sexo oral

La boca y la lengua son, quizá, las mejores ayudas sexuales del mundo. El secreto del buen sexo oral es hacer que él se sienta envuelto por completo y que ella sienta una deliciosa variación sensible en el clítoris.

Movimientos orales para ella

Otro secreto para el sexo oral es que, en general, la mujer tiene más sensación a un lado del clítoris que del otro. ¡Los terapeutas sexuales estadounidenses Steve y Vera Bodansky insisten en que el lado izquierdo es el mejor!

- ♥ Coloca tu cabeza entre los muslos de ella, un poco hacia abajo, de manera que puedas acariciar con tu lengua hacia arriba el montículo de su clítoris. Este movimiento es la clave para una mejor sensación.
- ♥ Ocasionalmente pasa tu lengua por encima de su clítoris.
- ♥ Utiliza la lengua de distintos modos: hazla girar, da golpecitos, usa el cuerpo de tu lengua y luego la punta.
- ♥ Toca su punto G con los dedos mientras lames su clítoris.
- ♥ Los giros sobre el clítoris, con una presión ligera como la de una pluma, pueden resultar fantásticos.

Movimientos avanzados para ella

Una vez que la hayas seducido hasta dejarla indefensa, prueba cubrir su clítoris suavemente con tu boca y mover al mismo tiempo tu lengua de un lado a otro.

- Si se te cansa la lengua, permite que tus dedos te releven por un momento. Variar la sensación de esta manera puede hacerla sentir fantástico.
- Deja que ella dirija tu cabeza con sus manos.
- Para una experiencia extrema, prueba masajeando su entrada vaginal con un vibrador mientras que acaricias su clítoris con tu lengua.
- Una vez que hayas llegado a un ritmo que sepas que le gusta no te detengas, no disminuyas el ritmo y no cambies la presión. Sigue hasta que ella alcance el orgasmo.

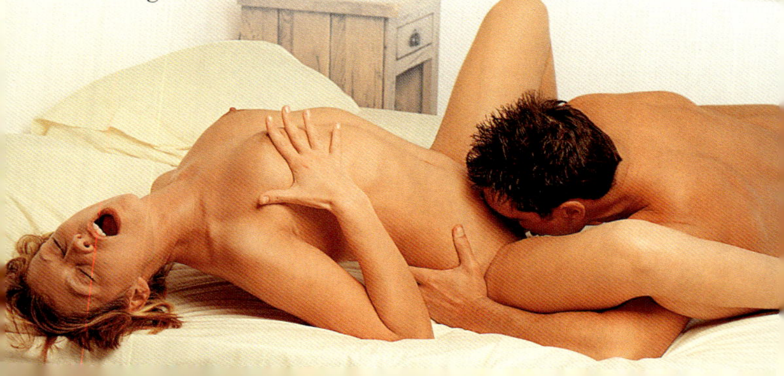

Movimientos orales para él

No esperes hasta que tu hombre tenga una erección; tómalo en tu boca mientras que aún se encuentre flácido mientras que chupas y lo tragas. Si haces esto con ritmo su erección comenzará.

La lengua

Mientras sostienes con una mano su pene por la base, pasa tu lengua en punta subiendo por un costado, llegando hasta arriba y, cuando bajes, permite que tu lengua se deslice. Haz esto en dos o tres veces antes de usar la lengua como una herramienta de escultura, para darle forma a su pene, literalmente, a base de lamidas.

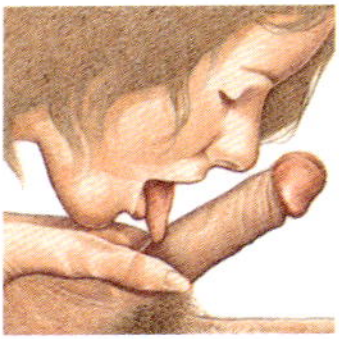

Círculos

Ahora baja con tu boca por su pene de manera que comience a penetrar cada vez más profundo en ti y, luego, vuelve a subir. Mientras haces esto, definiendo un ritmo, haz círculos con tu lengua alrededor de su cabeza, para que esté sujeto a dos caricias separadas y dos ritmos contrarios al mismo tiempo. Esto lo hará sentir maravillas.

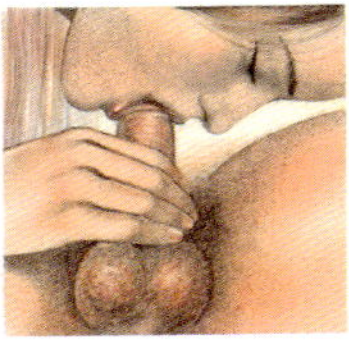

Movimientos avanzados para él

Las siguientes son algunas caricias orales maravillosas.

Puntear la guitarra

Con su pene en tu boca, mueve rápidamente la punta de tu lengua hacia delante y hacia atrás sobre la punta de su pene a lo largo del frenillo (el saliente a lo largo del pene). Es como puntear una cuerda de guitarra. Cuando sientas que ha disfrutado de suficiente "punteo", prueba a zumbar con la boca. Esto hace que su pene vibre y le harás experimentar una grata sensación distinta.

La boca extendida

Esta es una buena maniobra para las mujeres con boca pequeña. Con la cabeza de su pene dentro de tu boca, coloca tu mano alrededor de su pene y tocando tus labios, para que sienta como si tus labios se hubieran expandido para cubrir por completo su pene. Conforme tu boca suba y baje por su miembro, mueve la mano a ritmo con ella.

Variar la presión

Tus dedos se encontrarán con el pulgar alrededor de su pene y puedes intentar variar la presión. A menudo los hombres mayores necesitan mucha mayor presión para obtener una sensación definida, mientras que los más jóvenes sólo disfrutan del contraste. No temas presionar con fuerza.

Valorar la **masturbación**

Es extraño pensar que sólo hace 30 años se creía que la masturbación era "mala" o una actividad inmadura. Actualmente la mayoría de nosotros considera que la masturbación es una experiencia normal y de lo más disfrutable, una capacidad que Dios nos otorgó para hacer que la vida sea maravillosa. De hecho, la masturbación tiene muchos valores.

Es buena por sí misma. Puede proporcionarnos éxtasis físico y, si el orgasmo obtenido mediante la autoestimulación no ha sido aún tan placentero, es posible que necesites extenderlo y estimular todo tu cuerpo además de los genitales. Mientras más extendido sea el placer sexual, la experiencia será más satisfactoria.

La masturbación nos permite conocer nuestras pautas de respuesta sexual, y esto es importante porque cuando tenemos esa información la podemos trasmitir a nuestra

pareja: así es más posible disfrutar una relación orgásmica maravillosa.

Pocas mujeres pueden llegar al clímax por medio de la penetración: sólo 30% lo logra. Al hacer que la masturbación sea parte de la relación, ambos sexos pueden disfrutar experiencias sexuales maravillosas aun cuando el orgasmo no llega con facilidad.

Con la masturbación la gente que no tiene una pareja sexual puede sentirse sexual por derecho propio. Gracias a la auto-estimulación estas personas pueden disfrutar de la actividad sexual.

Masturbación
durante las relaciones

Al menos 50% de las mujeres necesitan más y mayor estimulación que la provista por la penetración para alcanzar el orgasmo y por tanto no es suficiente confiar de manera exclusiva en ella. De cualquier modo, existen muchos agregados al hacer el amor que logran que el sexo sea más excitante. De hecho, 82% de las mujeres

pueden llegar al clímax sólo con la masturbación, lo cual significa que no debes subestimar la sensibilidad de tus manos y dedos.

- ♥ Prueba estimulando su clítoris con tus dedos mientras tienen relaciones penetrativas. Aunque tu mano se encuentre en un ángulo antinatural, muchas veces puede ofrecer ese extra de sensación que la lleve al clímax.
- ♥ Si tus muñecas no soportan el giro necesario, prueba utilizando un vibrador. Puedes colocarlo de manera que no sólo vibre contra el clítoris, sino también contra ti y eso se siente en verdad muy bien. Algunos vibradores masculinos, en forma de anillos para el pene, están diseñados para ofrecer estimulación al clítoris.
- ♥ Prueba con la técnica de guía de mano. Ella coloca una mano guía sobre la tuya mientras que tú la masturbas. De esta manera ella puede mostrarte con exactitud qué tan rápido y qué tan firme quiere que la toques.
- ♥ Si ella es muy sensible, acaríciala suavemente con la punta de los dedos a través de tela.

Retrasando el **orgasmo** masculino

En **Prolongar el placer** (p. 194) abordamos la manera en que los hombres pueden aplicar la técnica del "apretón", pero también la mujer puede ser la que apriete, si él coopera. Cuando él se esté acercando al "punto de no regreso", debe decírtelo. Tú, al instante, deberás detener la relación penetrativa y, sujetando su pene, apretarlo justo debajo de la cabeza, bloqueando así la eyaculación. Después estimúlalo, ya sea manualmente o por medio del sexo oral, hasta que recupere su erección.

Jalón por atrás

Si él quiere controlar su clímax por sí mismo, otro método consiste en pasar la mano por atrás, justo antes del "punto de no regreso" y jalar con fuerza los testículos. Esto también bloquea la eyaculación. Si él no se siente muy seguro en cuanto a esta técnica,

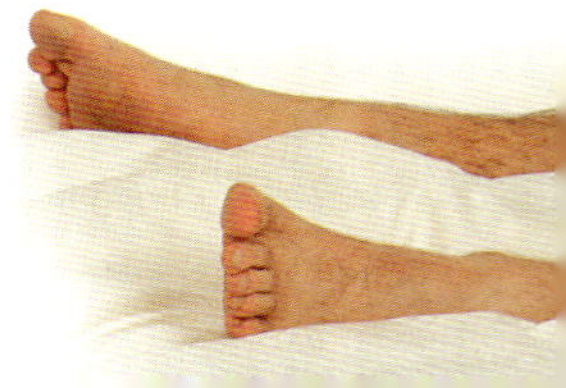

puede practicar el jalón de manera privada cuando se autoestimule.

Último recurso

Hay hombres que llegan al clímax con tanta rapidez que ocurre durante la penetración misma o aun antes. No todo está perdido. Los beta-bloqueadores, como el propranolol, son muy buenos para hacer que los hombres lleguen al orgasmo con mayor lentitud. Este tipo de medicamentos puede ser recetado por un médico.

Sexo **tántrico**

El objetivo del sexo tántrico consiste en ofrecer a tu pareja un contacto ligero por todo el cuerpo, tomando varios días para cubrirlo por completo. Lo que hace que las caricias tántricas sean distintas de un masaje común es que se te recomienda que entres en sintonía con el cuerpo de tu amante mientras que lo sujetas con tus manos.

A cada caricia, imagina que tú eres tu pareja recibiendo la caricia. Después de un tiempo la experiencia táctil debe fusionarse y mezclarse tanto en tu mente que no sepas dónde acabas tú y dónde empieza tu pareja.

Con el tiempo te graduarás en la contención tántrica, que implica una relación penetrativa, pero sin impulsos de cadera. Ella sólo se acuesta, sin moverse, encima de él, el pene dentro de la vagina, hasta que la erección termina.

El sexo tántrico prolonga la excitación sexual. El pene entra en la vagina sólo unos centímetros, se queda dentro un minuto, sale, y descansa contra el clítoris otro minuto para después volver a entrar.

En la siguiente secuencia de movimientos el pene descansa afuera de la vulva y, después, sólo un poco adentro de ella.

¿Qué caso tiene?

Si el movimiento se realiza de manera apropiada, deberás alcanzar un estado de excitación total, exquisita y, en teoría, podrás prolongar esta increíble sensación durante horas.

Estar en forma para el sexo

Estar en buena condición es bueno cuando se trata del sexo. Existen tres factores principales que afectan la salud y tienen un efecto directo en el desempeño sexual.

Alcohol

Demasiado alcohol puede llevar a la impotencia, a una falta de sensibilidad, y a la esterilidad. La "flacidez cervecera" es una realidad. El alcohol deprime la hormona testosterona. Así que mantente lejos del alcohol o, al menos, bebe en pequeñas cantidades.

Tabaco

La gente que fuma huele espantoso para los que no lo hacen. Fumar mucho afecta las arterias, lo que a su vez puede afectar el desempeño sexual. También se cree que fumar mucho afecta la producción de esperma.

Ejercicio

Una relación sexual exige cierto grado de acondicionamiento físico, así que es útil tener pulmones sanos y mucha energía, además de no tener sobrepeso. Intenta caminar o nadar, come alimentos con alto contenido de fibra y bajos en grasas, y considera practicar pesas, artes marciales o Pilates (contrología) para mejorar tu condición física.

Amor **maduro**

Conforme nos hacemos mayores es normal experimentar una menor sensación sexual. Esto significa que ambos sujetos de la pareja pueden necesitar más fricción, tiempo, paciencia, y distintos modos de estimulación. Como además es posible que tengas un poco menos de energía, hay diferentes tipos de posiciones sexuales que pueden ayudar.

El molino

En esta posición, una vez que el hombre se ha movido hasta colocarse cerca de los genitales de su pareja se queda ahí, moviéndose con fuerza en pequeños círculos contra ella. Esto ayuda a estimular su clítoris e implica que él no tenga que esforzarse tanto al impulsarse.

La pinza

La mujer yace abajo con las piernas apretadas con fuerza una contra otra. Al penetrarla, él siente la presión extra de sus muslos, lo que le brinda una mayor sensación.

Sexo por atrás

Esto puede ser útil si ella tiene algún problema, pues él puede estimularla fácilmente con la mano desde el frente, mientras que la penetra por atrás.

Un impulso extra

- Los vibradores son muy útiles para ofrecer la estimulación extra que necesitan los amantes más maduros.
- Para las mujeres en la etapa de la menopausia la terapia de remplazo hormonal (TRH) puede ser útil debido a que el estrógeno extra ayuda a que los genitales mantengan un tejido y una lubricación juveniles.
- La terapia de remplazo de testosterona puede ayudar a quienes hayan sufrido la pérdida de sensualidad (consulta **Píldoras para el sexo**, p. 218).

Ofrecer **calidez**

- Observa los ojos de tu pareja más tiempo de lo normal.
- Muévete hacia la otra persona de manera que estés más cerca de ella de lo que normalmente estarías.
- Sonríe más de lo que normalmente lo haces, observando de vez en cuando distintas partes de su cuerpo.
- Afirma moviendo la cabeza vigorosamente.
- Al sentarte, asegúrate de que tu lenguaje corporal sea abierto (no cruces tus brazos o piernas, por ejemplo).
- Al hablar, utiliza gestos manuales que incorporen a tu pareja o indiquen aprecio por él o ella.
- Echa miradas rápidas hacia la otra persona y, mientras lo haces, humedece tus labios con la lengua y ensancha un poco tus ojos.
- Haz pequeños movimientos de contacto. Por ejemplo, cuando estén parados juntos, colócate detrás de tu pareja acurrucándote contra su cuerpo, con los brazos alrededor de su cintura. O coloca un brazo alrededor de tu pareja y acaricia y masajea su espalda.

Soluciones para la **impotencia**

Es normal experimentar la impotencia de manera ocasional. Pero hay veces en las que el problema persiste y es entonces cuando puedes buscar ayuda.

La pildorita azul

Una de las ayudas más populares es el Viagra. Esta pequeña píldora azul estimula la erección, siempre que tengas pensamientos sensuales para comenzar. A veces, usar Viagra en una o dos ocasiones es suficiente para que puedas funcionar con normalidad una vez más. Pero el Viagra no es bueno para todos. La gente con problemas cardiacos no debe tomarlo, y si padeces el problema conocido como derramamiento venoso, simplemente no funciona.

Anillo para el pene

Esta ayuda sexual médica puede ser útil si experimentas derramamiento venoso, que significa que puedes lograr una erección en un primer momento, pero ésta parece desaparecer. La causa de que esto suceda a menudo es que el "seguro" en la base del pene no funciona, de manera que la sangre que llega para crear la erección, simplemente vuelve a bajar. El anillo para pene, diseñado para esto, funciona, pues pone el "seguro" por ti.

¡Advertencia! No experimentes con bandas de hule, pueden ser peligrosas.

Terapia sexual

En ocasiones la impotencia es resultado de algo que anda mal en una relación. En esta situación la terapia sexual puede ayudar a que las parejas hablen al respecto y realicen una tarea erótica para lograr que el sexo vuelva a funcionar.

Píldoras para el sexo

Si sólo hubiese una píldora mágica que pudiéramos tomar para solucionar todos los problemas sexuales. Aún no existe ninguna cura "milagrosa" en particular, pero hay muchos nuevos medicamentos que pueden ayudar con una gran variedad de dificultades sexuales.

Viagra

Esta pildorita azul puede ayudar con la impotencia (consulta **Soluciones para la impotencia**, p. 216).

Beta-bloqueadores

Medicamentos como el propranolol pueden lidiar con la ansiedad y retrasar la eyaculación.

Fentolamina

Las mujeres con problemas para "dejarse ir" durante las relaciones sexuales pueden interesarse en saber que este medicamento funciona en el cerebro disminuyendo la inhibición y permitiendo que el deseo se exprese.

Testosterona

Esta hormona puede ser utilizada tanto por hombres como por mujeres y se frota en la piel, en su presentación en gel, para aumentar la libido, la sensación local y la experiencia del orgasmo.

Leer el **lenguaje** sexual del **cuerpo**

Aprende a deducir, a partir del lenguaje corporal de tu pareja, en qué tipo de humor se encuentra.

Nerviosismo

♥ Tu pareja se sienta en la cama esperándote. Está encorvada, con la mirada fija en las cobijas y apretando con fuerza sus manos alrededor de las rodillas.

♥ Esto indica que siente tensión; es posible que se esté preguntando si hace lo correcto.

La mejor solución es entrar en la cama y darle un abrazo prolongado y afectuoso.

Ansiedad

♥ Tu pareja no ha seguido los preliminares sexuales de manera inmediata, sino que entra y sale del baño, colgando su ropa de manera muy ordenada y cepillándose los dientes. Se demora una eternidad.

La mejor solución consiste en evitar hacer movimiento sexual inmediato alguno. Tómale entre tus brazos y espera que la sensualidad regrese de manera natural.

Incomodidad

♥ Tu pareja se encuentra recostada junto a ti pero está tensa. Esto indica que siente una responsabilidad terrible en cuanto a lo que está a punto de suceder.

La mejor solución es darle un buen masaje. Esto indica que sabes qué hacer, lo cual ofrece seguridad, además de que el masaje se siente bien físicamente.

Inhibición

♥ Al acostarse, tu pareja te da la espalda y se pone en una posición fetal. Esto puede indicar miedo o una emoción fuerte.

Prueba con un abrazo "cuchareado" y acopla tu respiración con la de él o ella. Esto debe ayudar. Pero no apresures a tu pareja a tener una relación sexual si no se relaja.

Examen **sexológico**

Este es un ejercicio diseñado para ayudarte a descubrir la geografía de los genitales del otro. Es necesario hacerlo en privacidad absoluta.

Él

- ♥ Acaricia sus pechos y pezones, notando todo tipo de hinchamiento y excitación. Pregúntale si tiene preferencias ante ciertas caricias.
- ♥ Examina sus genitales. Toca sus labios vaginales por fuera, después por dentro, en la base y en la parte superior. A medida que lo haces, pregúntale si el área que tocas se siente sensual o no.

- ♥ Examina su ano. Imagina que es un reloj y presiona varias posiciones de su diámetro. Hacia las 10 horas y las 2 tienden a encontrarse las áreas más sensibles.
- ♥ Ofrécele un espejo a tu pareja para que vea lo que has descubierto.

Ella

- ♥ Acaricia sus pezones para conocer su respuesta.
- ♥ Examina el diseño de su vello púbico. Un crecimiento extenso de vello púbico indica una mayor cantidad de testosterona.
- ♥ Sostén su pene y examina su forma y apariencia. Si es circunciso, ve si ha experimentado cicatrizaciones y pregúntale de qué manera afecta esto su sensibilidad.
- ♥ Si no es circunciso, pídele que te enseñe la manera en que hace retroceder su prepucio.
- ♥ Revisa la uretra de tu pareja, la pequeña apertura en la cabeza del pene. Si está saludable deberá tener un buen tono rojizo.
- ♥ Examina su ano (del mismo modo en que él examinó el tuyo).

El ejercicio del **historial sexual**

El modo en que percibimos las relaciones con nuestros padres a menudo ofrece importantes pistas acerca de cómo visualizamos nuestras propias relaciones y cuál es nuestra visión del sexo. Así que es sensato compartir nuestro historial de vida con la pareja, incluyendo los detalles sexuales. Si contrastas las formas en que tú y tu pareja aprendieron acerca del sexo, te darás una buena idea de los gozos y retos que habrá más adelante. ¡Buena suerte!

Preguntas que hacer

- ♥ ¿Cuál es tu origen familiar? ¿Qué ocupación, religión y cultura tuvieron los miembros de tu familia?
- ♥ ¿Cuáles eran sus actitudes morales y sus puntos de vista acerca del disfrute y el juego?
- ♥ ¿Tus padres y familiares eran afectuosos entre sí o tensos y agresivos?
- ♥ ¿Qué incidentes recuerdas que puedan estar relacionados con la vida sexual de tus padres?
- ♥ ¿Qué actitud tenían acerca de la desnudez?

- ¿Qué tipo de mensajes ocultos crees haber recibido de tus padres acerca del sexo?
- ¿Cuándo y cómo aprendiste acerca del sexo por primera vez?
- ¿Cuándo te masturbaste por primera vez?
- ¿Tienes fantasías sexuales? De ser así, ¿a qué edad comenzaron?
- ¿Has tenido o tienes enamoramientos con gente de tu mismo sexo?
- Si eres hombre, ¿qué edad tenías al tener sueños "húmedos" por vez primera?
- Si eres mujer, ¿a qué edad comenzaste a menstruar?
- ¿Cuál fue tu primera experiencia sexual? ¿Fue con alguien del mismo sexo o del sexo opuesto?
- ¿Cómo han sido tus experiencias sexuales subsecuentes?

Reminiscencias románticas

No importa qué tan enamorados estén al inicio de una relación. Este tipo de amor es sólo un estado temporal de euforia que, al paso de seis meses o dos años, se habrá desvanecido... dejándolos con profundos lazos de afecto, si tienen suerte.

Este cambio afecta de manera inevitable la experiencia sexual, aunque es posible que este aspecto aún funcione bien... aunque no tengan tiempo para hacerlo tan a menudo como solían. En ocasiones el desvanecimiento de una pasión intensa puede convertirse en un problema.

Un ejercicio para reavivar la llamarada inicial es la memoria. Recordar los románticos primeros momentos puede ayudar a traer de nuevo aquellas chispas. A todo mundo le gusta escuchar en voz alta esos sentimientos después de que han pasado varios años, y estos recuerdos vuelven a encender la calidez de los sentimientos.

Preguntas para ti y tu pareja

- ♥ ¿Cuál es tu primer recuerdo romántico de esta persona?
- ♥ ¿Qué fue lo primero que te atrajo de tu pareja, en un sentido sexual?
- ♥ ¿Cuáles fueron los primeros movimientos que él o ella hizo para acercarse a ti?
- ♥ ¿Cuál es tu mejor recuerdo de su romance temprano?
- ♥ ¿Qué pasó la primera vez que te tocó?
- ♥ ¿Cuál es tu primer recuerdo sexual con tu pareja?

El ejercicio de los pasos

La idea de ir por pasos consiste en intentar resolver un problema a pequeños pasos. Respecto al sexo, es posible optar por comenzar con un masaje corporal completo y luego un masaje que incluya los genitales, para seguir con un masaje que se centre menos en todo el cuerpo y más en los genitales, para así concentrarte más tiempo en el área genital y ver si esto lleva al orgasmo.

Retroceder un paso

Algunas personas llegan a un punto en particular y luego entran en pánico. El mejor método en este caso consiste en retroceder un paso, disfrutando hasta donde se llegó, pero hablar acerca de los miedos experimentados. ¿Por qué puede ser éste un punto espinoso? ¿Hay algo que pueda hacer tu pareja para darte confianza? ¿Existen técnicas alternativas que puedan resultar más aceptables?

Trabaja con una lista

Escribe una lista de las acciones que deseas realizar, numéralas y procede a trabajar de abajo hacia arriba, comenzando con la más fácil hasta llegar a la más difícil. Si algo es muy difícil, sólo retrocede un paso, recupera tu confianza, y vuelve a intentarlo. ¡Esto puede ser muy efectivo!

El poder de las **emociones**

Enojo

- Esta emoción puede mejorar la respuesta sexual pues la excitación en un sitio del cerebro puede pasar a otro adyacente, el cual resulta ser uno sexual. ¡Y listo! Llega el deseo.
- De cualquier modo, hay gente que no puede sentirse enojada y sensual al mismo tiempo. Quizá un poco de enojo sea estimulante, pero si el enojo aumenta, llevando a resentimiento y sentimientos de ira más poderosos, entonces el deseo disminuirá.
- Evitar o rechazar la actividad sexual puede ser una manera para expresar enojo.

La terapia puede ayudar con la ira, al igual que puede hacerlo asistir a cursos para controlar su manejo.

Ansiedad

- ♥ Puede interferir con la respuesta sexual: exacerbándola o disminuyéndola.
- ♥ Puede interferir con los procesos de pensamiento que te ayudan a evaluar una situación, de manera que puede, por tanto, impedir tu habilidad para mejorarla.
- ♥ Puede ser una reacción ante alguna falla sexual.
- ♥ ¡Puede hacer más fácil la respuesta!

La terapia conductual cognitiva puede ayudar con la ansiedad, al igual que pueden hacerlo los medicamentos beta-bloqueadores.

Depresión

- ♥ Disminuye el deseo sexual.
- ♥ Impide la erección masculina.
- ♥ Impide la erección femenina y la lubricación.
- ♥ Hace difícil alcanzar el orgasmo.

Puede aliviarse por medio de terapia, en la cual se habla acerca de los problemas personales, en conjunto con antidepresivos.

Diez **pensamientos** que recordar

1 Los chicos buenos terminan al final.

2 Las chicas buenas inician el sexo a menudo.

3 Las parejas sensibles captan la ansiedad o la inhibición en el otro, ofrecen abrazos cálidos para dar seguridad y se toman las cosas muy despacio.

4 Si uno de los miembros de la pareja no está seguro respecto a la sexualidad del otro, pregunta.

5 Es bueno ofrecer retroalimentación, siempre y cuando se haga con sensibilidad.

6 No siempre es apropiado hacer el amor. Ambos miembros de la pareja deben estar receptivos ante el humor del otro antes de sugerir una relación sexual.

7 Las buenas parejas hacen que el otro se sienta maravilloso acerca de sí mismo.

8 Nunca es apropiado utilizar a alguien para tener sexo y luego marcharse.

9 No se debe presionar a nadie para que haga algo que no quiera hacer.

10 Si una persona está ebria no se debe, en cualquier circunstancia, abusar sexualmente de ella.

El ejercicio del **sí** y el **no**

El ejercicio del sí y el no, involucra decir "sí" a tres cosas que se quieran hacer y "no" a tres cosas que no se quieran hacer, durante una semana.

El propósito de este ejercicio es que comprendas tus prioridades en la vida y desarrolles el valor necesario para lograr lo que deseas.

Puedes interpretar el ejercicio de manera minimalista, diciendo "sí" a un chocolate porque lo deseas aunque no deberías comerlo. O puedes decir "no" a un chocolate pues adelgazar es una verdadera prioridad.

De modo alternativo, puedes tomar el ejercicio en serio, como hizo Claire:

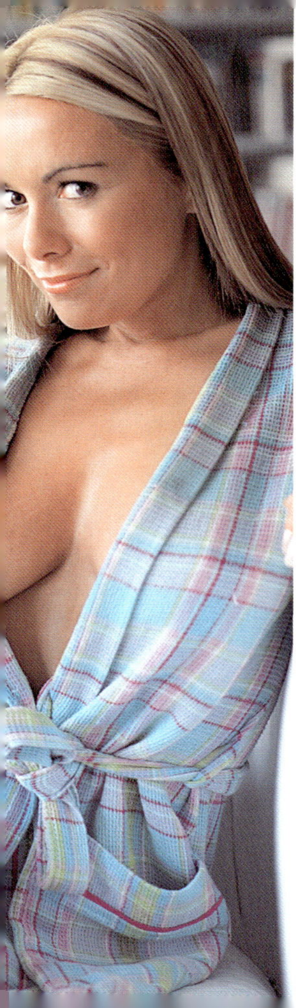

- Ella dijo "no" a su antiguo trabajo y "sí" a conseguir otro.
- Dijo "no" a compartir un apartamento con compañeros de casa que no le agradaban y "sí" a salirse y conseguir uno para ella sola.
- Finalmente, dijo "no" a su novio pues se percató que no le agradaba y salía con él sólo porque no había nadie más y "sí" a optar por una vida con ella misma.

En una semana, Claire cambió su vida. No fue accidental que después de esto aprendiera cómo llegar al clímax y finalmente terminara casándose con un antiguo amigo suyo.

Índice analítico

L

M

N O

P

R

Reconocimientos

Fotografías: Luc Beziat, Mark Harwood, Alastair Hughes, Peter Pugh-Cook, James Muldowney, Jules Selmes

Accesorios: *Ann Summers* por la lencería y los accesorios sexuales. *Skin Two* por el préstamo de vestimentas de PVC

Para obtener accesorios sexuales de buena calidad, consulte en:

Reino Unido

Harmony
167 Charing Cross Rd London
WC2H 0EN
y:
4 Walkers Court
London W1R 3FQ

Passion8
NES.,
PO Box 88
Hull HU5 5FW
Tel.: 01482 873377

Ann Summers
Para encontrar la tienda más cercana a usted, o para organizar una fiesta, llame al 020 8645 8320
o visite el sitio web: www.annsummers.com

Skin Two (para ropa de PVC y equipo de *bondage*)
Tel.: 020 7735 7195

EUA

Good Vibrations
1210 Valencia St
San Francisco
CA 94110
Tel.: (415) 974 8980
www.goodvibes.com

Australia

The Tool Shed
Llame al (02) 9360 1100 o al número gratuito 1800 181 069 (fuera de Sydney) para informes acerca de su tienda más cercana en Sydney, o visite el sitio web para ver su selección de juguetes, accesorios y vestuario: www.thetoolshed.com.au